शुद्ध कर्म

शुद्ध कर्म

भविष्य के लिए श्रेष्ठ विकल्प चुनें

जया राव

प्रभात प्रकाशन

प्रकाशक • **प्रभात प्रकाशन प्रा. लि.**
4/19 आसफ अली रोड,
नई दिल्ली-110002

संस्करण • प्रथम, 2022
अनुवाद • रमाशंकर सिंह
मूल्य • तीन सौ रुपए
मुद्रक • आर-टेक ऑफसेट प्रिंटर्स, दिल्ली

SHUDDHA KARMA *by* Smt. Jaya Row ₹ 300.00
(Hindi translation of GOOD KARMA)
Published by Prabhat Prakashan Pvt. Ltd., 4/19 Asaf Ali Road, New Delhi-2
by arrangement with HarperCollins Publishers India Private Limited
e-mail: prabhatbooks@gmail.com ISBN 978-93-5562-034-7

गुरुजनों के
चरणों में समर्पित।

भूमिका

वर्ष 2020 के प्रारंभ से ही दुनिया अभूतपूर्व एवं अप्रत्याशित चुनौतियों का सामना करती रही है। हमारे चारों ओर अनिश्चितता का वातावरण है। कभी-कभी जिंदगी आपके सामने कोई ऐसी वक्र गेंद (गुगली) फेंक देती है, जिसे देखकर आप चकित रह जाते हैं और सोचते हैं कि क्या सारी चीजें अचानक हो जाती हैं? क्या जीवन कोई रुलेट (दंत चक्र) का खेल है या इस पागलपन में भी कोई पद्धति निहित है? क्या हम पूर्णतया अशक्त, भाग्य के शिकार मात्र हैं अथवा जीवन के उद्देश्यों को निर्धारित करने में हमारी भी कोई भूमिका है? हमारे आसपास या हमारे साथ जो कुछ भी हो रहा है, क्या उस पर हमारा कोई नियंत्रण है? ऐसा प्रतीत होता है, मानो हमारे नियंत्रण में कुछ भी नहीं है। फिर भी, हम पूर्णतया अशक्त नहीं हैं। जैसा कि किसी विचारक ने कहा था, "जिंदगी हमारे लिए हमेशा जो धुन बजाती है, उसका चयन हमारे हाथ में नहीं होता है; परंतु उस धुन पर हमें कैसे नाचना है, इसका चयन हम कर सकते हैं।" इस संदेश में हमारी आशा छिपी है।

'कर्म' नामक शब्द की गहराई को समझे बिना अकसर लोगों द्वारा उसका शिथिल प्रयोग किया जाता है। लोग अपने जीवन में होनेवाली घटनाओं को 'मेरा कर्म' मानकर खारिज कर देते हैं और कहते हैं कि यह तो उनका दुर्भाग्य है। इससे आपकी दुर्बलता एवं अशक्तता का संकेत

मिलता है। कर्म कुछ भी हो सकता है, परंतु भाग्य के समक्ष निष्क्रिय आत्मसमर्पण तो कदापि नहीं।

प्राचीन भारतीय ऋषियों ने कर्म के विषय में हमारे लिए अपने अनुभूत अध्ययनों एवं अनुसंधानों का भंडार उपलब्ध कराया है। हमारे लिए वह आत्मसात् करने योग्य, सुव्यवस्थित एवं परिपूर्ण है। उनका यह अध्ययन उन वैज्ञानिक आँकड़ों पर आधारित एवं विश्लेषित है, जिनके अंतर्गत उन्होंने दृश्यत: असंपृक्त तथ्यों को संपृक्त किया और अकाट्य निष्कर्षों पर पहुँचे। उन्होंने कर्म के नियम की खोज की। इसका स्रोत प्रत्येक वेद के अंतिम भाग उपनिषदों में उपलब्ध है। महान् विचारकों ने युगों-युगों से इस विषय पर स्वतंत्र अन्वेषण किया और वे भी समान निष्कर्षों पर पहुँचे। उन्होंने हमें विस्तार से बताया कि कार्य एवं कारण का संबंध किस प्रकार कार्य करता है और उन्होंने हमें यह भी बताया कि जो कुछ हमें बाह्य जगत् में होता हुआ दिखाई देता है, वह हमारे विचारों, प्रवृत्तियों एवं इरादों के आंतरिक जगत् में भी कर्म के रूप में व्यक्त होता है।

यदि आप इस नियम को एक बार अच्छी तरह समझ जाएँगे तो आप अपने जीवन में अपने उद्देश्यों एवं लक्ष्यों की प्राप्ति हेतु उसका उपयोग कर सकते हैं। आपके समक्ष चीजें स्पष्ट हो जाती हैं। आप महसूस करने लगते हैं कि जीवन की प्रत्येक चीज आपकी उन अभिलाषाओं का प्रतिबिंबन है, जो आपने अपने मन में अतीत में निर्मित की थीं। अब आपको अधिक सफल एवं सुखद परिणाम हेतु भिन्न अभिलाषाओं का निर्माण करना होगा। इसकी शक्ति आपके अंदर है। आप किसी अदृश्य शक्ति के हाथों की कठपुतली नहीं हैं। आपके अंदर अपने भाग्य के निर्माण की शक्ति है। आप अपने इस अभिनव आत्मविश्वास के साथ अपने लिए एक उत्तम भविष्य का निर्माण करें।

अनुक्रम

भाग-4 : उपाय

भाग-1

भाग्य बनाम स्वतंत्र इच्छा-शक्ति

1

आंतरिक जगत् को संचालित करनेवाले नियम

*

मानव व्यथा जीवन का सर्वाधिक अकाट्य रहस्य है। ऐसा क्यों होता है कि एक व्यक्ति की जीवन-यात्रा अत्यंत सुखद होती है, जबकि दूसरा व्यक्ति अपने भाग्य में आनेवाली समस्याओं से अधिक समस्याओं का सामना करता है? ऐसा क्यों होता है कि एक व्यक्ति तो अपने मुँह में चाँदी की चम्मच लिये हुए जन्म लेता है और दूसरा किसी झुग्गी बस्ती में? क्या विधाता हमारे साथ पक्षपात करता है? क्या हम किसी अज्ञात कठपुतलीवाले के हाथों की कठपुतलियाँ मात्र हैं? अथवा क्या हमारे पास अपने भविष्य का निर्माण करने की शक्ति है? हमारे जीवन के उद्‌देश्यों को कौन संचालित करता है? क्या वह भाग्य है? क्या हमारे जीवन के मार्ग किसी उच्च शक्ति द्वारा पूर्व निर्धारित हैं? अथवा क्या स्वतंत्र इच्छा-शक्ति जैसी कोई चीज है, जिसका उपयोग हम अपने निजी जीवन के उद्‌देश्यों को रेखांकित करने में कर सकते हैं? ऐसे ही कुछ प्रश्न हैं, जो हमें विचारों के भँवर में डालकर विस्मित कर देते हैं।

अनेक दार्शनिक, चिंतक एवं धार्मिक नेता कई पीढ़ियों से हमें 'भाग्य बनाम स्वतंत्र इच्छा-शक्ति' के विषय में उपदेश देते आए हैं। प्रारंभिक

यूनानी सोचते थे कि प्रत्येक व्यक्ति का अनुलंघ्य भाग्य किसी अदृश्य शक्ति द्वारा पूर्व निर्धारित है, जिसे 'ईश्वर' के रूप में जाना जाता है। कालांतर में प्लेटो एवं अरस्तू जैसे दार्शनिकों ने इसका अधिक विवेकपूर्ण दृष्टिकोण प्रस्तुत किया। स्वतंत्र इच्छा-शक्ति की संकल्पना को नैतिक दायित्व से संपृक्त कर दिया गया। उन्होंने महसूस किया कि हमारे कर्म अधिकतर हम पर ही आश्रित होते हैं और भाग्य द्वारा बहुत कम पूर्व निर्धारित होते हैं; तथापि यह विश्वास बना रहा कि प्रत्येक व्यक्ति के विषय में भाग्य की भूमिका पूर्व निर्धारित है। यहाँ तक कि यदि वह किसी अन्य विकल्प का चयन भी करता है तो आगे चलकर समान परिणामों का सामना करेगा। आधुनिक चिंतकों का झुकाव स्वतंत्र इच्छा के विचार की ओर अधिक है; परंतु यह विमर्श अनवरत जारी है।

> ***एक ओर वे लोग हैं, जो भाग्य में विश्वास करते हैं। उनका मानना है कि ईश्वर ने ही इस ब्रह्मांड की रचना की है, इसलिए इसके अंदर जो कुछ होता है, उसके लिए वही उत्तरदायी है। प्रत्येक व्यक्ति के जीवन में होनेवाली हरेक चीज ईश्वर की इच्छा से होती है।***

एक ओर वे लोग हैं, जो भाग्य में विश्वास करते हैं। उनका मानना है कि ईश्वर ने ही इस ब्रह्मांड की रचना की है, इसलिए इसके अंदर जो कुछ होता है, उसके लिए वही उत्तरदायी है। प्रत्येक व्यक्ति के जीवन में होनेवाली हरेक चीज ईश्वर की इच्छा से होती है। प्रत्येक व्यक्ति का जीवन उसके जन्म से पूर्व ही लिख दिया गया होता है और इसमें ऐसा कुछ भी नहीं है, जिसे परिवर्तित करने के लिए कोई कुछ कर सकता है।

दूसरी ओर वे लोग हैं, जो स्वतंत्र इच्छा-शक्ति में विश्वास करते हैं। उनका मत है कि प्रत्येक व्यक्ति अपने जीवन के लिए पूर्णतया स्वयं उत्तरदायी है और उसके अंदर अपना भाग्य लिखने या बनाने की शक्ति

है। न तो कोई ईश्वर है और न ही भाग्य जैसी कोई चीज। इन दोनों के बीच निश्चय ही कुछ लोग हैं। लोगों का यह समूह मानता है कि हमारा जीवन भाग्य एवं स्वतंत्र इच्छा-शक्ति का मिश्रण है। अधोलिखित कहानी इस कहावत का चित्रण करती है कि 'ईश्वर भी उन्हीं की सहायता करता है, जो अपनी सहायता स्वयं करते हैं।'

बूढ़ा आदमी और तूफान

एक बूढ़े आदमी ने एक बार सपने में देखा कि एक दिन ऐसा समुद्री तूफान आएगा, जो इस गाँव को अपने साथ बहाकर ले जाएगा और यह गाँव नष्ट हो जाएगा; लेकिन ईश्वर उसकी रक्षा करेगा। अगले दिन गाँव में सचमुच एक भयानक एवं विनाशकारी तूफान आ गया।

> ***बूढ़े आदमी के भाई ने उससे कहा कि गाँव की स्थिति खराब होती जा रही है, इसलिए वह गाँव छोड़कर कहीं अन्यत्र चला जाए। बूढ़े ने यह कहते हुए अपने छोटे भाई की बात मानने से इनकार कर दिया कि ईश्वर उसकी रक्षा करेगा।***

बूढ़े आदमी के भाई ने उससे कहा कि गाँव की स्थिति खराब होती जा रही है, इसलिए वह गाँव छोड़कर कहीं अन्यत्र चला जाए। बूढ़े ने यह कहते हुए अपने छोटे भाई की बात मानने से इनकार कर दिया कि ईश्वर उसकी रक्षा करेगा। दूसरे दिन उसका एक पड़ोसी उसके पास आया और उसने कहा कि वह अपने परिवार के साथ यह गाँव छोड़कर जा रहा है, और उसने बूढ़े को भी अपने साथ चलने का प्रस्ताव दिया। बूढ़े आदमी ने उसकी बात मानने से भी इनकार कर दिया, क्योंकि उसे पूरी आशा थी कि ईश्वर उसकी रक्षा अवश्य करेगा। तीसरे दिन गाँव के कुछ लोग उसके पास एक नाव लेकर आए और बोले कि वह उनकी नाव में बैठकर किसी सुरक्षित

स्थान पर चला जाए। अपने इस दृढ़ विश्वास के साथ कि ईश्वर उसकी रक्षा अवश्य करेगा, बूढ़े ने उसके प्रस्ताव को भी ठुकरा दिया।

इसके तत्काल बाद वह बूढ़ा आदमी पानी में डूब गया और उसे स्वर्ग में ले जाया गया। वहाँ पहुँचने पर उसने ईश्वर से पूछा, "प्रभु, आपने अपने वचन के अनुसार मेरी सहायता क्यों नहीं की?" ईश्वर ने उत्तर दिया, "मैंने तुम्हारी रक्षा के लिए तुम्हारे भाई और तुम्हारे पड़ोसी को तुम्हारे पास भेजा था और यहाँ तक कि तुम्हें लेने के लिए मैंने एक नाव भी भेजी थी; परंतु तुमने तीनों बार सहायता लेने से इनकार कर दिया था!"

यह प्रश्न अब भी यथावत् बना हुआ है कि जब हमें यह भी ज्ञात नहीं है कि हमारा संचालन भाग्य या स्वतंत्र इच्छा द्वारा किया जा रहा है, हम अपने जीवन के उद्देश्य को कैसे पूरा करेंगे?

सौभाग्यवश, प्राचीन भारत में हमारे वैज्ञानिक दृष्टिकोण वाले चिंतकों ने आंतरिक जगत् पर अपना ध्यान केंद्रित किया और हमारे मन का संचालन करनेवाले नियमों की खोज की, ठीक उसी प्रकार, जैसे कि वैज्ञानिकों ने भौतिक जगत् से जुड़े नियमों की खोज की थी। यदि हम इन नियमों को समझें और उनका पूर्णतया पालन करें तो हम एक अत्यंत प्रसन्न, सफल एवं परिपूर्ण जीवन व्यतीत कर सकते हैं।

□

2

कर्म का नियम

जिस प्रकार सेब के पेड़ से टूटकर जमीन पर गिरने से न्यूटन चकित हुआ था और अंततोगत्वा उसने गुरुत्वाकर्षण के सिद्धांत की खोज की थी, उसी प्रकार भारत में हमारे प्राचीन ऋषियों ने जीवन एवं उसके विभिन्न रहस्यों में गोता लगाया। उन्होंने कारण के नियम की खोज की। उन्होंने निष्कर्ष दिया कि प्रत्येक कारण का एक प्रभाव (कार्य) होता है और प्रत्येक कार्य के पीछे अनिवार्यतः कोई-न-कोई कारण अवश्य होता है।

ऐसे अनेक नियम हैं, जो हमारे आंतरिक जगत् में कार्य करते हैं। वे नियम क्या हैं और वे किस प्रकार कार्य करते हैं, यदि आप इसे समझ लेंगे तो आप अपने भावी लाभ हेतु उनका उपयोग कर सकते हैं। ऐसा ही एक नियम कर्म का नियम है।

ईसाइयत एवं इसलाम स्वर्ग को हमारे अच्छे कर्मों का फल मानते हैं और नरक को हमारे बुरे कर्मों की सजा के रूप में देखते हैं। आधुनिक युग में पश्चिम में अधिकाधिक लोगों ने किसी-न-किसी रूप में कर्म के नियम में विश्वास करना प्रारंभ कर दिया है। मनोवैज्ञानिक एवं मनोचिकित्सक अपने मरीजों के पूर्व जीवन के प्रभावों से उपजे मानसिक

आघात के उपचार हेतु विगत जीवन के परावर्तन का प्रयोग कर रहे हैं। कोलंबिया एवं येल विश्वविद्यालय से प्रशिक्षित मनोचिकित्सक डॉ. ब्रायन वीस ने विगत जीवन परावर्तन के क्षेत्र में उल्लेखनीय योगदान किया है। चिकित्सा के क्षेत्र में उन्हें 'आधुनिक पूर्व-जीवन परावर्तन' का जनक माना जाता है। डॉ. इयान स्टीवेंसन, डॉ. माइकल न्यूटन तथा कुछ अन्य लोग उन जाने-माने चिकित्सकों में हैं, जिन्होंने अपने अनुसंधान पर आधारित पुस्तकें लिखी हैं।

पूर्व वैदिक विद्वानों ने संभवतः कर्म के नियम को समझ लिया था; परंतु उन्हें पहली बार उपनिषदों में अभिलेखित एवं वर्णित किया गया। हमारे आध्यात्मिक मार्ग का यही वह आधार है, जो हमारे नश्वर जीवन के कष्टों एवं यातनाओं से मुक्ति दिलाकर असीम आनंद की अनश्वर मनोदशा में ले जाता है। बृहदारण्यक उपनिषद्, श्वेताश्वतर उपनिषद् और अनेक अन्य ग्रंथ हैं, जो कर्म के नियम को संदर्भित करते हैं, जिसमें पुनर्जन्म का सिद्धांत भी शामिल है। श्रीमद्भगवद्गीता अपने लगभग प्रत्येक अध्याय में इसका वर्णन करती है और पुनर्जन्म की संकल्पना को उसके अध्याय 2 श्लोक 22 में

पूर्व वैदिक विद्वानों ने संभवतः कर्म के नियम को समझ लिया था; परंतु उन्हें पहली बार उपनिषदों में अभिलेखित एवं वर्णित किया गया। हमारे आध्यात्मिक मार्ग का यही वह आधार है, जो हमारे नश्वर जीवन के कष्टों एवं यातनाओं से मुक्ति दिलाकर असीम आनंद की अनश्वर मनोदशा में ले जाता है। बृहदारण्यक उपनिषद्, श्वेताश्वतर उपनिषद् और अनेक अन्य ग्रंथ हैं, जो कर्म के नियम को संदर्भित करते हैं, जिसमें पुनर्जन्म का सिद्धांत भी शामिल है।

अधिक विस्तार से स्पष्ट किया गया है, जो कहता है—

वासांसि जीर्णानि यथा विहाय
नवानि गृहणाति नरोपराणि।
तथा शरीराणि विहाय जीर्णा
न्यन्यानि संयाति नवानि देही॥

जिस प्रकार मनुष्य पुराने वस्त्रों को त्यागकर नए वस्त्र धारण करता है, उसी प्रकार आत्मा अपने पुराने तथा निरर्थक शरीरों का परित्याग कर नवीन भौतिक शरीर धारण करती है।

आगे चलकर यह इस बात को भी स्पष्ट करती है कि हम अपने में जो विचार पालते हैं और हम जो कार्य करते हैं, वे न केवल हमारे इस जीवन में हमारे भविष्य का, बल्कि उस परिवेश का भी निर्धारण करते हैं, जिसमें मनुष्य मृत्यु के बाद जाता है। कालांतर में कर्म के सिद्धांत को जैन व बौद्ध धर्म के साथ-साथ सिख धर्म ने भी स्वीकार किया।

विचारों की शक्ति एवं जीवन के परिप्रेक्ष्य को परिवर्तित करने की उसकी योग्यता का उल्लेख भारतीय धर्मग्रंथों में भी किया गया है। 'रामायण' एवं 'महाभारत', जैसे महाकाव्यों के साथ-साथ पुराणों में भी जीवन-यात्रा के निर्धारण में कर्म की भूमिका का वर्णन किया गया है।

विचारों की शक्ति एवं जीवन के परिप्रेक्ष्य को परिवर्तित करने की उसकी योग्यता का उल्लेख भारतीय धर्मग्रंथों में भी किया गया है। 'रामायण' एवं 'महाभारत', जैसे महाकाव्यों के साथ-साथ पुराणों में भी जीवन-यात्रा के निर्धारण में कर्म की भूमिका का वर्णन किया गया है।

'महाभारत' में शिखंडी के पुनर्जन्म की कथा पर विचार कीजिए।

शिखंडी अपने पूर्व जन्म में काशी-नरेश की पुत्री अंबा थी। अंबा को उसकी बहनों अंबिका एवं अंबालिका के साथ भीष्म द्वारा अपने सौतेले भाई विचित्रवीर्य के साथ विवाह करने हेतु ले जाया गया था। अंबा ने भीष्म से कहा कि वह किसी अन्य राजा से प्रेम करती है, इसलिए भीष्म ने उसे उस राजा के पास भेज दिया। लेकिन जिस राजा से वह प्रेम करती थी, उसके पास पहुँचने पर उस राजा ने अंबा को यह कहकर ठुकरा दिया कि वह पहले ही कहीं ले जाई जा चुकी है। अंबा ने अपनी दयनीय स्थिति का सारा दोष भीष्म पर डाल दिया और इसके प्रतिशोध के रूप में उसने भीष्म का वध करने की सौगंध खाई। अगले जन्म में अंबा पंचाल-नरेश द्रुपद की पुत्री शिखंडिनी के रूप में पैदा हुई। उसने शिखंडी बनने के लिए अपना लिंग परिवर्तित करवा लिया और महाभारत युद्ध में भीष्म का वध कर दिया।

> ***कर्म का नियम एक सर्वसमावेशी नियम है, जो संपूर्ण ब्रह्मांड के मनुष्यों पर लागू होता है। वह कहता है कि प्रत्येक विचार, भावना या कर्म की समान एवं विपरीत प्रतिक्रिया होती है। वह गुरुत्वाकर्षण के नियम की भाँति निर्दोष है। इस नियम के प्रति आपकी अनभिज्ञता अपने प्रभाव से आपको कोई छूट नहीं देती है।***

कर्म का नियम एक सर्वसमावेशी नियम है, जो संपूर्ण ब्रह्मांड के मनुष्यों पर लागू होता है। वह कहता है कि प्रत्येक विचार, भावना या कर्म की समान एवं विपरीत प्रतिक्रिया होती है। वह गुरुत्वाकर्षण के नियम की भाँति निर्दोष है। इस नियम के प्रति आपकी अनभिज्ञता अपने प्रभाव से आपको कोई छूट नहीं देती है। आप कोई कृत्य करके उसके परिणाम से बचने की आशा करें तो यह ठीक वैसे ही है, जैसे आप जल में कोई पत्थर फेंकें और उम्मीद करें कि उसमें

कोई बुलबुला उत्पन्न नहीं होगा। इसलिए, आपके लिए यह जानना बुद्धिमत्तापूर्ण होगा कि आपके कृत्य की क्या प्रतिक्रियाएँ हो सकती हैं। अत: आप यह सुनिश्चित कर सकते हैं कि आप ऐसा कौन सा कार्य करें, जिससे आपको मनोवांछित परिणाम प्राप्त हो सके।

कर्म की उत्पत्ति संस्कृत की 'कृ' धातु से हुई है, जिसका अर्थ 'करना' है। कर्म ही वह धुरी है, जिसके इर्द-गिर्द संपूर्ण जीवन घूमता है। प्रत्येक स्वैच्छिक कृत्य का एक परिणाम होता है। आप लोभ, घृणा एवं स्वार्थ के वशीभूत होकर पीड़ा व विपत्ति के बीज बोते हैं। उदारता, स्नेह एवं बुद्धिमत्ता से प्रेरित होकर आप अपने लिए प्रचुर मात्रा में प्रसन्नता का सृजन करते हैं। यदि एक बार किसी सेब का बीज बोया गया है तो उसमें सेब ही उत्पन्न होंगे, आम नहीं। आप चाहे कितनी भी याचना करें, हस्त-कौशल दिखाएँ या सौदेबाजी क्यों न कर लें, आम उत्पन्न नहीं कर सकते। आम प्राप्त करने का एकमात्र उपाय यह है कि आप आम का बीजारोपण करें। इसी प्रकार, यदि आप खुशियाँ चाहते हैं तो आपको उसके लिए वांछित बीज बोना पड़ेगा, अर्थात् अच्छे कर्म करने होंगे।

> ***कर्म की उत्पत्ति संस्कृत की 'कृ' धातु से हुई है, जिसका अर्थ 'करना' है। कर्म ही वह धुरी है, जिसके इर्द-गिर्द संपूर्ण जीवन घूमता है। प्रत्येक स्वैच्छिक कृत्य का एक परिणाम होता है। आप लोभ, घृणा एवं स्वार्थ के वशीभूत होकर पीड़ा व विपत्ति के बीज बोते हैं।***

एक उदार व परोपकारी मनोवृत्ति का सृजन कीजिए, स्नेही एवं क्षमाशील बनिए, विचारों में स्पष्टता लाइए। इन कृत्यों के फलस्वरूप आपको खुशी प्राप्त होगी। आप घृणास्पद, दुराचारी एवं नकारात्मक बनकर प्रसन्न होने की आशा नहीं कर सकते। लोग परिणामों की चिंता किए बिना ही सोचते, महसूस करते और लापरवाही से काम करते हैं

और जब उनके कृत्यों का परिणाम सामने आता है तो वे शिकायत करते हैं! यह तो ऐसे ही है, जैसे आप किसी रेस्तराँ में जाकर किसी खाद्य पदार्थ का आदेश दें और जब वह आपकी मेज पर परोस दिया जाए तो आप कह दें कि आपको उसकी आवश्यकता नहीं है। आपके पास परोसे गए भोजन को न खाने का विकल्प तो है, परंतु उसके बिल का भुगतान तो आपको करना ही होगा।

लोग अपने जीवन में प्रचलित नियमों को नहीं देखते, परंतु जब उनके सामने कोई विपरीत परिस्थिति उत्पन्न होती है तो अपनी समस्याओं का सारा दोष वे बाहरी कारकों के मत्थे मढ़ देते हैं; जबकि उनका आपकी निजी परिस्थितियों से कोई लेना-देना नहीं होता है। इस प्रकार, स्थिति कभी नहीं बदलती है। वह कहीं किसी अन्य स्थान पर किसी अन्य रूप में आपके सामने दोबारा उपस्थित हो जाएगी और बार-बार होती रहेगी। □

3

आप जैसा सोचते हैं, वैसे ही बन जाते हैं

✻

जीवन का नियम है, 'जैसा आप सोचते हैं, वैसे ही बन जाते हैं।' सभी परिवर्तन या सुधार किसी विचार से प्रारंभ होते हैं। आपके मन में कोई विचार आता है। आप उसमें निवेश करते हैं। आप एक ही वस्तु को भिन्न दृष्टिकोण से देखना प्रारंभ करते हैं। आपकी प्रवृत्ति परिवर्तित हो जाती है। आप अपनी परिवर्तित मान्यता के अनुसार कार्य करते हैं। स्थिति जादुई रूप से रूपांतरित हो जाती है। ऐसा व्यक्तिगत स्तर के साथ-साथ सामुदायिक, राष्ट्रीय एवं अंतरराष्ट्रीय स्तरों पर भी होता है।

लगभग दो सौ वर्षों तक भारतीय अपने ऊपर किए जा रहे ब्रिटिश शासन के प्रति शांत थे। कुछ लोगों ने प्रश्न उठाना शुरू किया और कहा, "स्वराज मेरा जन्मसिद्ध अधिकार है और मैं उसे लेकर रहूँगा।" यह विचार देश भर में फैल गया और भारत को शीघ्र ही स्वतंत्रता प्राप्त हो गई।

महान् सम्राट् अशोक मौर्य राजवंश का अंतिम प्रमुख सम्राट् था। उसने आधुनिक ओडिशा के कलिंग राज्य पर एक रक्त-रंजित युद्ध में विजय प्राप्त की। उस युद्ध से पराजित लोगों की जो दयनीय दशा

हुई, उसने अशोक को द्रवित कर दिया और उसने पश्चात्ताप करते हुए सशस्त्र विजय अभियान का परित्याग कर दिया। उसने बौद्ध धर्म अपना लिया। बौद्ध धर्म के प्रभाव और अपने व्यक्तिगत गतिशील स्वभाव के कारण अशोक ने धर्म के अनुसार जीने तथा अपने अधीनस्थों एवं संपूर्ण मानवता की सेवा का व्रत लिया। उसने एक ऐसी नीति अपनाई, जिसे उसने 'धर्म द्वारा विजय' की संज्ञा दी।

पारंपरिक मांसाहारी, जो प्रत्येक भोजन में मांस का भक्षण करते थे, जब उन्हें इस बात का पता चला कि मारे जाने से पूर्व पशुओं को कितनी भयानक यातना दी जाती थी और यह भी कि मांस उद्योग ने पर्यावरण को कितनी क्षति पहुँचाई है और मांस-भक्षण का उनके अपने स्वास्थ्य पर कितना बुरा प्रभाव पड़ रहा है, तो वे शाकाहारी बन गए।

पारंपरिक मांसाहारी, जो प्रत्येक भोजन में मांस का भक्षण करते थे, जब उन्हें इस बात का पता चला कि मारे जाने से पूर्व पशुओं को कितनी भयानक यातना दी जाती थी और यह भी कि मांस उद्योग ने पर्यावरण को कितनी क्षति पहुँचाई है और मांस-भक्षण का उनके अपने स्वास्थ्य पर कितना बुरा प्रभाव पड़ रहा है, तो वे शाकाहारी बन गए।

तो क्या आप अपने विचारों में मात्र थोड़ा सा परिवर्तन लाकर अपने जीवन में कोई बड़ा परिवर्तन ला सकते हैं? आप पतला सोचिए, आप पतले बन जाएँगे। आप अच्छा सोचिए, आपकी बुद्धि तेज हो जाएगी। आप गतिविधि के बारे में सोचिए, आप आलसी बन जाएँगे। अपने दुर्भाग्य के लिए नक्षत्रों को दोष देने से न तो आपका जीवन बदलेगा और न ही आपके कष्टों में कोई कमी आएगी। जब आपके मार्ग में कोई कठिनाई या कष्ट आता है तो आप या तो अपनी पत्नी, अपने मालिक या सरकार को दोष दे

सकते हैं अथवा अपनी स्थिति का सक्रियतापूर्वक अवलोकन कर सकते हैं। जब तक आप अपनी परेशानियों के लिए किसी बाहरी व्यक्ति को दोषी मानते रहेंगे, आपकी स्थिति कभी भी नहीं सुधरेगी। आपका दूसरों के ऊपर कोई नियंत्रण नहीं है। जिस पल आप अपने भीतर झाँकना शुरू करेंगे, चमत्कार होने लगेगा।

आप संभवतः सदैव अपना वजन घटाना चाहते थे। अभी से खुद को स्वस्थ एवं चुस्त मानना प्रारंभ कर दीजिए, आप उसके लिए अपने मन में मजबूत इच्छा विकसित कीजिए और उस दिशा में कार्य करना प्रारंभ कर दीजिए। आपकी जीवन-शैली बदल जाएगी और परिणाम भी अत्यंत संतोषजनक होगा। आप संभवतः अपने सहपाठियों एवं भाई-बहनों के प्रति ईर्ष्यालु रहे होंगे। आप इस तथ्य पर दृष्टिपात कीजिए कि आज वह जिस स्थान पर है, वहाँ पहुँचने के लिए उसने कितना कठिन परिश्रम किया होगा। आप ईर्ष्यालु एवं नकारात्मक विचारों को शरण देने के बजाय अपनी निजी प्रतिभा के निर्माण पर ध्यान दीजिए। आप कठिन परिश्रम करना प्रारंभ कीजिए और जो कुछ प्राप्त करना चाहते हैं, उसे प्राप्त कर लीजिए।

आप संभवतः सदैव अपना वजन घटाना चाहते थे। अभी से खुद को स्वस्थ एवं चुस्त मानना प्रारंभ कर दीजिए, आप उसके लिए अपने मन में मजबूत इच्छा विकसित कीजिए और उस दिशा में कार्य करना प्रारंभ कर दीजिए। आपकी जीवन-शैली बदल जाएगी और परिणाम भी अत्यंत संतोषजनक होगा।

इसलिए, आप सबसे पहले अपने विचारों पर एक दृष्टि डालिए। वे आपके जीवन का खाका (ब्लूप्रिंट) हैं। विचार-दर-विचार आप एक श्रेष्ठ जीवन का निर्माण कर सकते हैं। विचार-दर-विचार आप खुद को

नष्ट भी कर सकते हैं। पता लगाइए कि आपको क्या चीज आंदोलित या व्यथित करती है ? किस चीज से आपको दुःख एवं व्यग्रता होती है ? आप तत्काल अपना दृष्टिकोण बदलिए। अपने विचारों को झकझोरिए। आपका जीवन खुशहाल एवं शांतिप्रद हो जाएगा।

मान लीजिए कि आप सिनेमा के परदे पर कोई फिल्म देख रहे हैं और आपको अचानक फिल्म के नायक के गाल पर एक काला धब्बा दिखाई देता है। इसके बाद वह धब्बा उसके गाल से हटकर कभी फर्श पर तो कभी कार पर अथवा फिल्म से जुड़ी किसी अन्य चीज पर दिखाई देने लगता है। आप स्क्रीन को धोकर या उसे कपड़े से पोंछकर साफ करने की कोशिश करते हैं और यहाँ तक कि परदे को ही बदल देते हैं। काला धब्बा अब भी नहीं मिटता और अपने स्थान पर बना रहता है। ऐसा इसलिए होता है, क्योंकि धब्बे का कारण परदा नहीं, बल्कि प्रोजेक्टर (फिल्म दिखानेवाली मशीन) है। प्रोजेक्टर के लेंस में धूल का एक काला दाग है। आपको कुल मिलाकर, यह करना है कि प्रोजेक्टर के लेंस को निकालकर अच्छी तरह साफ कर दीजिए, धब्बा अपने आप मिट जाएगा।

> ***मान लीजिए कि आप सिनेमा के परदे पर कोई फिल्म देख रहे हैं और आपको अचानक फिल्म के नायक के गाल पर एक काला धब्बा दिखाई देता है। इसके बाद वह धब्बा उसके गाल से हटकर कभी फर्श पर तो कभी कार पर अथवा फिल्म से जुड़ी किसी अन्य चीज पर दिखाई देने लगता है।***

इसी प्रकार, आपकी सभी समस्याएँ आपके मन में हैं। आपको अपनी सोच में जरा सा बदलाव करने की जरूरत है और समस्या आपकी दुनिया से दूर हो जाएगी। ऐसा करना उतना ही सरल है, जितना कि प्रोजेक्टर के लेंस को साफ करना। आपके मन में असुरक्षा की भावना,

आत्मविश्वास की कमी, उच्चता या निम्नता की भावना अथवा बच्चों की आपसी रंजिश या अतीत की कोई अन्य समस्या है, जो आपको व्यथित किए हुए है। अपने अंतर्मन में जमी धूल को साफ करने के काम पर लग जाइए और अपने आंतरिक व्यक्तित्व में निखार लाइए। आप पाएँगे कि मात्र इतना करने से ही आपका रूपांतरण हो गया है। ऐसा करने के बजाय आप अपनी पत्नी को बदलते हैं, अपने कारोबारी साझेदार से अलग हो जाते हैं अथवा किसी अन्य देश में चले जाते हैं। थोड़ी देर के लिए तो सबकुछ ठीक हो जाता है, परंतु जल्द ही समस्याएँ फिर अपना सिर उठा लेती हैं। आप दोबारा पहले जैसी स्थिति में आ जाते हैं।

> ***जब तक आप अपनी समस्याओं के लिए बाह्य जगत् में देखते रहेंगे या अपनी समस्याओं के लिए किसी अन्य व्यक्ति को उत्तरदायी मानते रहेंगे, तब तक आप खुद को उस पीड़ा अथवा परेशानी से मुक्त नहीं कर सकते। अपने अंदर झाँकिए और आपको व्यथित करनेवाली समस्या के कारण को पहचानिए।***

जब तक आप अपनी समस्याओं के लिए बाह्य जगत् में देखते रहेंगे या अपनी समस्याओं के लिए किसी अन्य व्यक्ति को उत्तरदायी मानते रहेंगे, तब तक आप खुद को उस पीड़ा अथवा परेशानी से मुक्त नहीं कर सकते। अपने अंदर झाँकिए और आपको व्यथित करनेवाली समस्या के कारण को पहचानिए। आप स्वयं को आंतरिक तौर पर समृद्ध कीजिए, सारी दुनिया की दौलत आपके कदमों में होगी। आप एक प्रसन्न व्यक्ति बन जाएँगे और आप शिखर व्यक्तित्व के स्वामी बन जाएँगे।

कई वर्षों तक पूर्वी एवं पश्चिमी जर्मनी एक-दूसरे के शत्रु थे। वे अपने संसाधनों का एक बड़ा भाग एक-दूसरे के साथ युद्ध करने में

नष्ट कर देते थे। इसके बाद उनके हृदयों में परिवर्तन हुआ। उन्होंने यह समझना प्रारंभ किया कि यदि वे दोनों अलग-अलग रहने के बजाय एक साथ मिलकर रहें तो अधिक समृद्ध एवं शक्तिशाली राष्ट्र बन जाएँगे। उन्हें विभाजित करनेवाली बर्लिन की प्रसिद्ध दीवार गिरा दी गई। लेकिन वह भी तभी गिरी, जब दोनों देशों ने अपने मन में खड़ी आंतरिक दीवार गिराई।

जब तक हमने अपने मन में मतभेद उत्पन्न नहीं किए थे, तब तक भारत, पाकिस्तान एवं बँगलादेश एक राष्ट्र थे। हमारे आंतरिक मतभेदों ने हमें दो देशों के निर्माण की ओर प्रवृत्त किया और उसके बाद पाकिस्तान के आंतरिक मतभेदों ने बँगलादेश के निर्माण की पृष्ठभूमि तैयार कर दी और एक भारत तीन देशों में विभाजित हो गया।

जब तक हमने अपने मन में मतभेद उत्पन्न नहीं किए थे, तब तक भारत, पाकिस्तान एवं बँगलादेश एक राष्ट्र थे। हमारे आंतरिक मतभेदों ने हमें दो देशों के निर्माण की ओर प्रवृत्त किया और उसके बाद पाकिस्तान के आंतरिक मतभेदों ने बँगलादेश के निर्माण की पृष्ठभूमि तैयार कर दी और एक भारत तीन देशों में विभाजित हो गया। यदि हम एक राष्ट्र के रूप में सोचें और फिर से आपस में मिलने का प्रयास करें तो पुनः एक साथ उठकर खड़े हो जाएँगे तथा सशक्त एवं समृद्ध राष्ट्र बन जाएँगे। महोपनिषद्, जो कि भारतीय लोक-रीतियों एवं मनोवृत्ति का आधार है, कहता है—

अयं निजः परो वेति गणना लघुचेतसाम्
उदारचरितानां तु वसुधैव कुटुम्बकम्॥

संकीर्ण मन वाले लोग मेरे और तेरे के मध्य भेद करते हैं। उदार एवं विशाल हृदय वाले लोग मानते हैं कि सारा संसार ही एक परिवार है।

अमेरिकी राष्ट्रपति बराक ओबामा ने भारतीय संसद् को संबोधित करते समय इस श्लोक का उल्लेख किया था। हमें इस भावना को अपने मन एवं हृदय में पुनर्स्थापित करने की आवश्यकता है।

इस विचार के आधार पर न जीने से दंपतियों, परिवारों एवं संगठनों के साथ-साथ राष्ट्रों में भी दरार पड़ जाती है और वे टूट जाते हैं। दशकों और कई बार सदियों से एक साथ रहनेवाले लोग जब विभाजनों, सीमांकनों तथा पृथक्करणों के बारे में सोचने लगते हैं और कष्टदायी तरीके से एक-दूसरे से अलग होते हैं तो उन्हें भावनात्मक के साथ-साथ आर्थिक क्षति भी पहुँचती है; जबकि कई पीढ़ियों से परस्पर संघर्षरत लोग जब नए तरीके से विचार करते हैं तो वे अपने जीवन में शांति एवं समृद्धि ला सकते हैं।

> ***दो सगे भाई अपनी पैतृक संपत्तियों को लेकर कई वर्षों तक आपस में लड़ते रहे। अंततोगत्वा उन्होंने अपने विवाद के निपटारे हेतु मध्यस्थों की नियुक्ति करने का निर्णय लिया। बड़े भाई ने अपने मध्यस्थ का चुनाव कर लिया और उसने अपने छोटे भाई से कहा कि वह अपने मध्यस्थ का नाम बताए।***

दो सगे भाई अपनी पैतृक संपत्तियों को लेकर कई वर्षों तक आपस में लड़ते रहे। अंततोगत्वा उन्होंने अपने विवाद के निपटारे हेतु मध्यस्थों की नियुक्ति करने का निर्णय लिया। बड़े भाई ने अपने मध्यस्थ का चुनाव कर लिया और उसने अपने छोटे भाई से कहा कि वह अपने मध्यस्थ का नाम बताए। छोटे भाई ने कहा कि वह चाहता है कि उसके बड़े भाई उसके मध्यस्थ बनें, क्योंकि वह नहीं सोचता कि उनके अतिरिक्त कोई अन्य व्यक्ति उसके हितों की रक्षा कर सकता है। इसके बाद उन दोनों में कभी भी बँटवारा नहीं हुआ।

हर बार सामान्य मध्यस्थ की खोज करें, सकारात्मकताओं पर

ध्यान केंद्रित करें और कमियों को दूर करने का प्रयास करें। ऐसा कोई प्रेरणास्पद लक्ष्य निर्धारित करें, जो लोगों को एकजुट करे। लोक-संग्रह अर्थात् जगत् के कल्याण हेतु कार्य करें। लोग भाईचारे की भावना, आनंद एवं खुशी से एक-दूसरे के साथ जुड़ जाएँगे, जिसका परिणाम अत्यंत चमत्कारपूर्ण होगा।

□

भाग-2

विचार एवं कर्म

4

आपके विचारों की शक्ति

⁂

श्रीमद्भागवत में महान् सम्राट् भरत की कथा है। अपनी वृद्धावस्था में उन्होंने अपना सारा भोग-विलास त्याग दिया और राज्य अपने पुत्र को सौंपकर वन में चले गए। कहा जाता है कि महाराज भरत उस समय ज्ञानोदय की अवस्था में थे। एक दिन जब वे गहन ध्यान की मुद्रा में लीन थे, एक शिकारी उनके निकट से एक गर्भवती हिरणी का पीछा करते हुए निकला। जैसे ही हिरणी ने अपने बच्चे को जन्म दिया, शिकारी ने उसकी हत्या कर दी।

भरत ने देखा कि यदि नवजात शिशु की देखभाल न की गई तो उसकी मृत्यु हो जाएगी। इस प्रक्रिया में वह उस शिशु हिरण के प्रति आसक्त हो गए। उनका मन ईश्वर का ध्यान करने के बजाय हिरण के बच्चे की ओर चला जाता और वह यह देखकर विस्मय से भर जाते कि हिरण का बच्चा पूरी तरह ठीक है। यहाँ तक कि जब वे अपनी मृत्यु शय्या पर पहुँचे, तब भी उनका ध्यान हिरण पर ही लगा था। इसका परिणाम यह हुआ कि अपने अंतिम समय में हिरण के प्रति उन्होंने जो आसक्ति पाली थी, उनका अगला जन्म एक हिरण के रूप में हुआ और ज्ञानोदय से पूर्व तक वह हिरण ही बने रहे थे। यह विचार की प्रबल शक्ति

है। इस तथ्य का ज्ञान न होने के कारण हम असावधानीपूर्वक सभी प्रकार के विचारों को उनके प्रभावों से अनजान रहते हुए अपने मन में समाहित कर लेते हैं।

आपके विचार आपके जीवन की आधारशिलाएँ हैं। प्रत्येक विचार एक अदृश्य रुखानी (वह औजार, जिससे लकड़ी या पत्थर पर कोई आकृति बनाई जाती है) की भाँति आपके भविष्य को आकार देता है। आपका मन आपके आंतरिक व्यक्तित्व एवं चरित्र के साथ-साथ परिस्थितियों एवं परिवेश के बाह्य ढाँचे दोनों का मुख्य शिल्पी है। आपके विचार ही इस बात का निर्धारण करते हैं कि आपका मन शांत है या आंदोलित है। वे बुद्धि की स्पष्टता अथवा भ्रम का निर्णय करते हैं। उसी के अनुसार आपका भौतिक शरीर आचरण करता है। यदि आप अपने स्वास्थ्य के प्रति असावधान हैं तो हरेक प्रकार का अनाप-शनाप भोजन करते हैं और सभी प्रकार के रोगों से पीड़ित हो जाते हैं। जैसे ही आप स्वस्थ जीवन-यापन के प्रति सचेत होते हैं, आप पोषण-युक्त भोजन करते हैं, नियमित योगाभ्यास करते हैं तथा स्वस्थ एवं सशक्त बन जाते हैं। वह आपकी अज्ञानता ही है, जो आपको आपके हितों के विरुद्ध काम करने हेतु प्रवृत्त करती है। जब एक बार आप जागरूक हो जाते हैं तो सुधार स्वयमेव हो जाता है।

आपके विचार आपके जीवन की आधारशिलाएँ हैं। प्रत्येक विचार एक अदृश्य रुखानी (वह औजार, जिससे लकड़ी या पत्थर पर कोई आकृति बनाई जाती है) की भाँति आपके भविष्य को आकार देता है। आपका मन आपके आंतरिक व्यक्तित्व एवं चरित्र के साथ-साथ परिस्थितियों एवं परिवेश के बाह्य ढाँचे दोनों का मुख्य शिल्पी है।

ओशो ने कहा था, "आप लोग मूर्खतापूर्ण कार्य क्यों कर रहे

हैं? क्योंकि आप जानते ही नहीं हैं कि आप क्या कर रहे हैं।" जैसे ही आप जाग्रत् हो जाएँगे, अपने आप ही मूर्खतापूर्ण कार्य करना बंद कर देंगे। इसलिए पहले आप अपने विचारों, भावनाओं एवं कृत्यों के प्रति जागरूक बनिए; अपने जीवन पर पड़नेवाले उनके प्रभावों को समझिए। इसका ज्ञान हो जाने के बाद आप उन कार्यों को करना बंद कर देंगे, जो आपके दुःख का कारण हैं।

यदि आपके कृत्यों का खाका अज्ञानता पर आधारित है तो मन आपके लिए पीड़ा एवं विपत्तियों का निर्माण करता है। यदि वह आधारभूत ढाँचा ज्ञान पर आधारित है तो वह एक आनंद एवं प्रसन्नतापूर्ण जीवन की रचना करता है। आपके विचारों के शस्त्रागार में आपके पास आत्मविनाश एवं आत्मविकास दोनों के शस्त्र मौजूद हैं। चयन आपको करना है। इस प्रकार, आप अपने चरित्र के अभिकल्पक (डिजाइनर) एवं अपने जीवन के निर्माता तथा अपने भाग्य के रचनाकार हैं। ऐसी कोई बाहरी संस्था नहीं है, जिसके पास आपके जीवन-पथ को प्रभावित करने की शक्ति हो।

यदि आपके कृत्यों का खाका अज्ञानता पर आधारित है तो मन आपके लिए पीड़ा एवं विपत्तियों का निर्माण करता है। यदि वह आधारभूत ढाँचा ज्ञान पर आधारित है तो वह एक आनंद एवं प्रसन्नतापूर्ण जीवन की रचना करता है। आपके विचारों के शस्त्रागार में आपके पास आत्मविनाश एवं आत्मविकास दोनों के शस्त्र मौजूद हैं।

आपका जीवन परदे पर दिखाई जानेवाली किसी फिल्म की भाँति है। परदा यह दुनिया है। वैयक्तिक चित्रोंवाली फिल्म आपका मन है और तसवीरें आपके विचार हैं। प्रोजेक्टर से निकलनेवाला प्रकाश आपकी सौम्य व अचिंत्य आत्मा है, जो इन सभी कृत्यों को संचालित करती है।

जब फिल्म एक निश्चित गति से आगे बढ़ती है तो परदे पर आपके जीवन का प्रदर्शन करती है। आप उसे देखते ही समझ जाते हैं कि फिल्म में उसका मूल स्रोत क्या है। इसी प्रकार, यदि मन में विचार एक निश्चित गति से आगे बढ़ते हैं तो वे आपके समक्ष जीवन जैसी सच्चाई का प्रदर्शन करते हैं। आपके लिए यह मानना कठिन हो जाता है कि यह मात्र एक दिखावा है। फिर भी वह सत्य है।

जब कोई व्यक्ति शेयरों का कारोबार करने के बारे में सोचता है तो वह शेयर दलाल बन जाता है। इसके बाद उसका मन उसे शेयरों की दुनिया की सैर कराता है। कोई अन्य व्यक्ति दवाओं के बारे में विचार करता है और वह डॉक्टर बन जाता है। उसके बाद अस्पताल, रोगी, नर्सें और अन्य चिकित्सक उसकी दुनिया को आकार देते हैं।

जब कोई व्यक्ति शेयरों का कारोबार करने के बारे में सोचता है तो वह शेयर दलाल बन जाता है। इसके बाद उसका मन उसे शेयरों की दुनिया की सैर कराता है। कोई अन्य व्यक्ति दवाओं के बारे में विचार करता है और वह डॉक्टर बन जाता है। उसके बाद अस्पताल, रोगी, नर्सें और अन्य चिकित्सक उसकी दुनिया को आकार देते हैं। यदि आप संगीत के बारे में सोचते हैं तो संगीतकार बन जाएँगे और संगीत, कार्य-प्रदर्शनों एवं रचनात्मकता की दुनिया का सृजन करेंगे। मन में कुकिंग (पाक कला) का विचार आते ही आप भोजन की दुनिया में विचरण करने लगते हैं। इस प्रकार, यह सब चलता रहता है। आपके परिवेश का अंतिम कारण आपका विचार है।

यदि आप अपनी दुनिया से प्रसन्न नहीं हैं तो आप उससे बाहर निकलकर चीजों को नहीं बदल सकते। यह उतना ही बेतुका है, जितना कि एक भिन्न फिल्म देखने के लिए परदे को बदल दें। ऐसा करके

आप खुद को असफलता एवं निराशा का पात्र बना रहे हैं। आपको कुल मिलाकर, यह करना है कि परदा (स्क्रीन) बदलने के बजाय अपनी पसंद की फिल्म बदल दें। इसी प्रकार, आप अपने विचारों को परिवर्तित करें, अपने व्यवहार में परिवर्तन लाएँ और अपनी भावनाओं को बदलें। यह दुनिया आपके लिए चमत्कारपूर्ण ढंग से बदल जाएगी।

अंत में, जब प्रोजेक्टर में कोई फिल्म शेष नहीं रह जाती है तो परदे पर दिखाई देनेवाली फिल्म समाप्त हो जाती है। जब मन इच्छाओं से मुक्त हो जाता है तो आपको कोई दुनिया दिखाई नहीं देती है। आप आत्मा बन जाते हैं। आप शांति एवं परम आनंद की दुनिया में विचरण करने लगते हैं।

> ***आप पहले यह निर्णय करें कि आप अपने जीवन में कौन सी उपलब्धि प्राप्त करना चाहते हैं? वहाँ तक पहुँचने के मार्ग का निर्धारण करें और उस दिशा में कार्य करना प्रारंभ करें। अपने विचारों की निगरानी करें, उन्हें नियंत्रित करें और उसके प्रभावों का पता लगाएँ। खाली बैठकर अपने भाग्य या अपने माता-पिता या वातावरण को दोष देंगे तो सब व्यर्थ होगा।***

आप पहले यह निर्णय करें कि आप अपने जीवन में कौन सी उपलब्धि प्राप्त करना चाहते हैं? वहाँ तक पहुँचने के मार्ग का निर्धारण करें और उस दिशा में कार्य करना प्रारंभ करें। अपने विचारों की निगरानी करें, उन्हें नियंत्रित करें और उसके प्रभावों का पता लगाएँ। खाली बैठकर अपने भाग्य या अपने माता-पिता या वातावरण को दोष देंगे तो सब व्यर्थ होगा। अवसर आपकी गोद में अपने आप आकर नहीं गिरेंगे। आपको अपने लिए अवसरों का सृजन करना होगा।

परिस्थिति की निरर्थकता यह है कि आपने अपने लिए एक दुनिया

बसा ली है और आप उसके द्वारा व्यथित किए जा रहे हैं। एक व्यक्ति को तनाव हो जाता है, दूसरा भयभीत है और तीसरे की स्थिति दयनीय है। आपने फ्रैंकस्टीन का जिन्न उत्पन्न कर दिया है, जो अब आपको चबा रहा है।

ऐसा इसलिए होता है, क्योंकि हम तात्कालिक सुख के जाल में फँस गए हैं। हरेक व्यक्ति यहाँ अभी और सफलता, खुशी एवं संतोष प्राप्त करने का इच्छुक है। कोई भी प्रतीक्षा करने के लिए तैयार नहीं है। बहरहाल, श्रीमद्‌भगवद्‌गीता के अठारहवें अध्याय के अड़तीसवें श्लोक में जीवन के नियम को इस रूप में स्पष्ट किया गया है—

विषयेन्द्रियसंयोगाद्यत्तदग्रेऽमृतोपमम्।
परिणामे विषमिव तत्सुखं राजसं स्मृतम्॥

जो सुख इंद्रियों द्वारा उनके विषयों के संसर्ग से प्राप्त होता है और जो प्रारंभ में अमृत के समान तथा अंत में विष के समान लगता है, वह रजोगुणी कहलाता है।

दूसरी ओर, भगवद्‌गीता अध्याय 18, श्लोक 37 कहता है—

यत्तदग्रे विषमिव परिणामेऽमृतोपमम्।
तत्सुखं सात्त्विकं प्रोक्तमात्मबुद्धिप्रसादजम्॥

जो प्रारंभ में विष जैसा लगता है, परंतु अंत में अमृत के समान है और जो मनुष्य में आत्म-साक्षात्कार जाग्रत् करता है, वह सात्त्विक सुख कहलाता है।

इंद्रियजन्य सुखों का एक प्रारंभ एवं अंत होता है। वे दुःखों के सागर हैं। बुद्धिमान लोग उनसे नहीं उलझते हैं। वास्तविक प्रसन्नता, जो बुद्धि की शुद्धता से उत्पन्न होती है, वह प्रारंभ में दुःखद लगती है, परंतु अंत में अपार हर्ष का फल देती है। इसे जाने बिना आप तात्कालिक सुखों के पीछे भागने लग जाते हैं और जीवन भर के लिए दुःखों को आमंत्रित कर लेते हैं।

अस्वास्थ्यकर भोजन (जंक फूड) इतना स्वादिष्ट होता है कि बच्चा स्वयमेव उसकी ओर आकर्षित हो जाता है। स्वास्थ्यप्रद भोजन अकसर स्वाद-रहित हो सकता है। यदि आप हर समय जंक फूड खाएँगे तो संभव है कि आपको स्वास्थ्य संबंधी समस्याएँ हो जाएँ। आराम करना और योगाभ्यास न करना अत्यंत सुखद है। सुबह-सुबह बिस्तर से उठकर अभ्यास करना कष्टदायक है; परंतु यदि आप उसके लिए प्रयास करते हैं तो आप चुस्त, स्वस्थ एवं ऊर्जान्वित हो जाते हैं।

यदि आप किसी के साथ असामान्य व्यवहार करते हैं, लोगों के साथ रूखा एवं पीड़ादायी व्यवहार करते हैं तो आपको अजीब संतोष का अनुभव होता है; परंतु अंत में आप तिरस्कृत, कष्टमय एवं एकाकी हो जाते हैं। अपनी नकारात्मकताओं से निजात पाने और अन्य लोगों के साथ प्रिय एवं प्रेमपूर्ण व्यवहार करने में काफी प्रयास की आवश्यकता होती है; परंतु उससे आपका जीवन खुशहाल बन जाता है।

यदि आप किसी के साथ असामान्य व्यवहार करते हैं, लोगों के साथ रूखा एवं पीड़ादायी व्यवहार करते हैं तो आपको अजीब संतोष का अनुभव होता है; परंतु अंत में आप तिरस्कृत, कष्टमय एवं एकाकी हो जाते हैं। अपनी नकारात्मकताओं से निजात पाने और अन्य लोगों के साथ प्रिय एवं प्रेमपूर्ण व्यवहार करने में काफी प्रयास की आवश्यकता होती है; परंतु उससे आपका जीवन खुशहाल बन जाता है। कुछ पल की खुशी के लिए हम जीवन भर प्राप्त होनेवाली प्रसन्नता को भुला देते हैं। इसलिए, नियम को समझिए और एक शांतिपूर्ण एवं प्रसन्न जीवन के निर्माण के लिए उसका पालन कीजिए। इसका अर्थ यह कदापि नहीं है कि आप एक उबाऊ जीवन जीना प्रारंभ कर दें। कोई काम करने से पूर्व उसके

बारे में विचार करें। तात्कालिक आनंद के लिए आप अपनी सहायता स्वयं कीजिए; लेकिन इसके साथ-ही-साथ अपने दीर्घकालिक हितों में निवेश भी करते जाइए।

एक राज्य था, जिसकी रीति अत्यंत विचित्र थी। उस राज्य में प्रत्येक पाँच वर्ष में एक राजा चुना जाता था। उसके कार्यकाल की समाप्ति पर राजा को नौका पर बैठाकर नदी के पार पहुँचा दिया जाता था, जहाँ जंगल के हिंसक एवं नरभक्षी पशु उसे खा जाते थे। एक राजा के बाद दूसरा राजा आया। उसके राज्य का प्रत्येक व्यक्ति प्रारंभिक कुछ वर्षों तक उसके धन, सत्ता एवं प्रतिष्ठा का आनंद लेता था; परंतु जब उसका समय बीत जाता था तो उसे उसके प्रतीक्षित भाग्य के सहारे छोड़ दिया जाता था। पाँचवाँ वर्ष उसके लिए अत्यंत उत्पीड़नकारी होता था। कार्यकाल के अंतिम दिन उसे उसके महल से बलात् निकाल दिया जाता था और उस नाव में बैठा दिया जाता था, जो उसे उसकी मृत्यु तक ले जाती थी।

एक राज्य था, जिसकी रीति अत्यंत विचित्र थी। उस राज्य में प्रत्येक पाँच वर्ष में एक राजा चुना जाता था। उसके कार्यकाल की समाप्ति पर राजा को नौका पर बैठाकर नदी के पार पहुँचा दिया जाता था, जहाँ जंगल के हिंसक एवं नरभक्षी पशु उसे खा जाते थे। एक राजा के बाद दूसरा राजा आया।

एक बार एक ऐसे व्यक्ति को राजा बनाया गया, जो शेष राजाओं से भिन्न प्रकृति का था। प्रत्येक व्यतीत होते वर्ष के साथ उसका आमोद-प्रमोद एवं मनोरंजन बढ़ता गया। अपनी बादशाहत के अंतिम दिन उसने सभी नागरिकों के लिए उत्तमोत्तम भोज का आयोजन किया। सबको अलविदा कहकर स्वयं नौका में बैठ गया। जब उसकी नौका नदी के बीचोबीच पहुँची, उसने नाविक की ओर देखा और उससे पूछा

कि अगर उसे दुगुना वेतन मिले तो मेरे लिए काम करेगा? नाविक दिग्भ्रमित हो गया। वह इस बात से हैरान था कि क्या राजा उसे स्वर्ग में नौकरी देने का प्रस्ताव कर रहा है? यही सोचते हुए वह नाव को लेकर नदी के दूसरे किनारे पर पहुँच गया। वहाँ भयानक जंगल के स्थान पर एक खूबसूरत शहर देखकर नाविक चकरा गया। राजा ने अपनी बुद्धिमानी और सुव्यवस्थित तरीके से अपने अस्थायी राज्य से उस राज्य में संपत्तियों को स्थानांतरित करना प्रारंभ कर दिया था, जहाँ उसे हमेशा के लिए राजा बनना था।

> ***हम सभी अपने जीवन में एक अस्थायी पड़ाव डालते हैं। राजा के पास तो कम-से-कम पाँच वर्ष के लिए आश्वासन था। हमारे लिए तो हमारे जीवन में पाँच मिनट की भी गारंटी नहीं है, फिर भी हम इस जीवन के बाद के जीवन के बारे में तनिक भी विचार नहीं करते हैं। हम येन-केन-प्रकारेण जगत् में उपलब्ध आनंद को प्राप्त करना चाहते हैं।***

इसी प्रकार, हम सभी अपने जीवन में एक अस्थायी पड़ाव डालते हैं। राजा के पास तो कम-से-कम पाँच वर्ष के लिए आश्वासन था। हमारे लिए तो हमारे जीवन में पाँच मिनट की भी गारंटी नहीं है, फिर भी हम इस जीवन के बाद के जीवन के बारे में तनिक भी विचार नहीं करते हैं। हम येन-केन-प्रकारेण जगत् में उपलब्ध आनंद को प्राप्त करना चाहते हैं। दुनिया के बाजारों में खरीदारी के लिए जाइए, आकर्षक स्थलों की यात्रा कीजिए, उत्तमोत्तम शराब की चुस्की लीजिए और सर्वाधिक स्वादिष्ट एवं रुचिकर भोजन खाइए; लेकिन अपने आंतरिक भंडार के निर्माण में थोड़े समय का निवेश अवश्य कीजिए, जिसे आप अपने साथ लेकर जाने वाले हैं। विचारों की स्पष्टता, हृदय की शुद्धता एवं कर्म की शुभेच्छा विकसित कीजिए, जो आपको

एक खुशहाल जीवन, प्रसन्नता एवं उन्नति हेतु आश्वस्त करेगा। आपके इस जीवन में अरबपति होने का क्या लाभ, यदि आप मृत्यु के बाद अपने ऐश्वर्यपूर्ण महल से दूर जाकर किसी झुग्गी बस्ती में जन्म लेते हैं!

आप मिश्रित इच्छाओं के साथ जन्म लेते हैं, जो आपके व्यक्तित्व का निर्माण करती हैं। इनमें कुछ इच्छाएँ अच्छी हैं और कुछ उतनी अच्छी नहीं हैं। यदि आप अपने मन में शक्तिशाली एवं सकारात्मक विचारों के परिवेश का सृजन करेंगे तो आपकी अच्छी प्रवृत्तियाँ पुष्पित व पल्लवित होंगी, जबकि बुरी प्रवृत्तियाँ आपके किसी प्रयास के बिना स्वयमेव समाप्त हो जाएँगी। इसे ही सत्संग या भले लोगों का साथ कहा जाता है।

किसी भले आदमी के इर्द-गिर्द चक्कर काटने का नाम ही सत्संग नहीं है। सत्संग का अर्थ अपने अंदर सकारात्मक विचारों का निर्माण करना है और नकारात्मकताओं से स्पष्ट बचकर निकलना है। अधकचरी कहानियों के बजाय ज्ञानवर्धक पुस्तकें पढ़िए। दैनिक एवं नियमित तौर पर स्वयं को आध्यात्मिक विचारों के समीप ले जाइए और आध्यात्मिक साहित्य का अध्ययन कीजिए। एक चिंतक ने कहा था, "समय को मत पढ़िए, अनंतता को पढ़िए।" 'समय' के श्लेष को व्यर्थ मत जाने दीजिए। समाचारों को मत देखिए। 'ब्रेकिंग न्यूज' केवल आपको तोड़ती है! प्रेरणादायी फिल्में देखिए। गपबाजों से खुद को दूर रखिए। यही वह आधारशिला है, जिसके ऊपर आप अपने सुखद जीवन के भवन का निर्माण करेंगे।

□

5

वासनाओं एवं कर्म का विकल्प

❋

कर्म का स्रोत क्या है? सप्ताहांत में आप किसी संगीत कार्यक्रम में जा सकते हैं। आपकी पत्नी नेटफ्लिक्स पर कोई फिल्म देख सकती है। आपका पुत्र कोई फुटबॉल मैच देखने जा सकता है। आपकी पुत्री अपनी सहेलियों के साथ अपना समय बिता सकती है। भिन्न-भिन्न लोग भिन्न तरीके से काम क्यों करते हैं? क्योंकि उनके मन में उसके लिए एक इच्छा होती है। कर्म एक पूर्व निर्मित इच्छा द्वारा निर्धारित होता है। आप कोई कार्य इसलिए करते हैं, क्योंकि आपके मन में उसके प्रति इच्छा होती है।

इच्छा कैसे उत्पन्न होती है? इच्छा विचार से उभरती है। किसी बिंदु पर आपके मन में कोई विचार आया। आपके मन में वही विशिष्ट विचार क्यों उत्पन्न हुआ? क्योंकि आपके मन में उसके प्रति वासना है। वासना गहरी जड़ों वाली एक रुचि है; अंतर्निहित आवेग, झुकाव अथवा प्रवृत्ति है। वासना एक अप्रत्यक्ष, अविकसित इच्छा है। सांगीतिक वासनाओं से प्रेरित व्यक्ति संगीत के बारे में सोचेगा। जिस व्यक्ति के मन में फुटबॉल की वासना होगी, वह फुटबॉल के बारे में सोचेगा और इस प्रकार के अनेक अन्य कार्य करेगा। जैसे ही आप विचार में निवेश करते

हैं, आपके मन में उसके लिए एक इच्छा विकसित हो जाती है और उस इच्छा की पूर्ति आप अपने कर्म के माध्यम से करते हैं। इच्छा-प्रेरित कर्म का परिणाम अधिक वासना के रूप में सामने आता है। इस प्रकार, आप वासना, विचार, इच्छा, कर्म एवं पुनः वासना के फंदे में फँस जाते हैं।

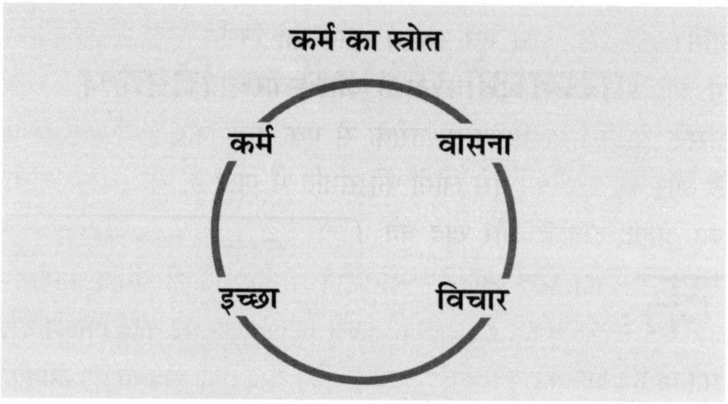

जैसी आपकी वासना होगी, उसी के अनुसार आपके विचार, इच्छा एवं कर्म होंगे। कोई इंजीनियर भवनों एवं सेतुओं (पुलों) के निर्माण के बारे में सोचेगा। वह अपने मन में उन्हें बनाने की इच्छा पालेगा और वास्तव में उसे अपना व्यवसाय बना लेगा। इसके पश्चात् वह अपने आसपास अन्य इंजीनियरों एवं सहायक कर्मचारियों को एकत्रित कर लेता है। इसी प्रकार, कोई अपराधी अपने आप को अन्य बदमाशों के साथ खड़ा कर लेगा और कोई अच्छा आदमी हमेशा अच्छे लोगों की संगति में रहेगा।

परिस्थितियाँ किसी व्यक्ति का निर्माण नहीं करती हैं। वे उसे प्रकाश में लाती हैं। परिवेश आपके मन का प्रतिबिंब है। यदि आप अपनी दुनिया को बदलना चाहते हैं तो तत्काल बाहर निकलकर प्रत्यक्षतः परिस्थितियों को परिवर्तित नहीं कर सकते। कुल मिलाकर, आपको यह करना होगा

कि आप अपने विचारों में संशोधन करें। विचारों में परिवर्तन करते ही परिस्थितियाँ स्वयमेव बदल जाएँगी।

कोई आलसी व्यक्ति मौज-मस्ती करते हुए फिल्में देखेगा और हानिकर भोजन करेगा और उसके दोस्त भी वैसा ही करनेवाले लोग होंगे। जब वह चुस्त एवं स्वस्थ बनने का निर्णय लेता है, वह जिम में जाकर अभ्यास शुरू करता है और स्वास्थ्यप्रद भोजन करता है। उसके पुराने मित्र रहस्यमय तरीके से एक-एक कर लुप्त होने लगते हैं और वह खुद को ऐसे लोगों की संगति में पाता है, जो स्वस्थ जीवन का आनंद लेते हैं और खुद को स्वस्थ रखने के मिशन पर निकले होते हैं। इसी प्रकार, आप अपने मन में सकारात्मक विचारों को स्थान दीजिए, स्नेहिल भावनाओं को महसूस कीजिए और स्वयं को किसी उच्चतर लक्ष्य के प्रति समर्पित कर दीजिए, आपकी दुनिया नाटकीय रूप से परिष्कृत हो जाएगी।

विक्टर ह्यूगो की पुस्तक 'लेस मिजरेबल्स' में अपराधी जीन वलजेन सर्दी के मौसम में कँपकँपाती ठंड में जेल से भागकर एक स्थान पर जाकर छिप गया। उसने देखा कि बिशप (पादरी) का दरवाजा बंद नहीं था, इसलिए वह उसमें प्रवेश कर गया।

विक्टर ह्यूगो की पुस्तक 'लेस मिजरेबल्स' में अपराधी जीन वलजेन सर्दी के मौसम में कँपकँपाती ठंड में जेल से भागकर एक स्थान पर जाकर छिप गया। उसने देखा कि बिशप (पादरी) का दरवाजा बंद नहीं था, इसलिए वह उसमें प्रवेश कर गया। दयालु पादरी ने उसे खाने के लिए अच्छा भोजन, पीने के लिए शराब और सोने के लिए गरम बिस्तर दिया। अगले दिन वह भगोड़ा अपराधी पादरी के घर से चाँदी के बरतन चुराकर भाग गया। पुलिस उसे पकड़कर पादरी के पास ले गई। पादरी ने उसे यह कहकर बचा लिया

कि उसने खुद ही अपराधी को चाँदी के बरतन उपहार में दिए थे। वह अपराधी जाने लगा तो पादरी ने उसे सोने का मोमबत्ती रखनेवाला एक स्टैंड भेंट किया। पादरी के इस दयालुतापूर्ण व्यवहार को देखकर चोर का हृदय परिवर्तित हो गया और उसने लोगों की सेवा-शुश्रूषा करनी प्रारंभ कर दी। अब उसकी प्रवृत्ति बदल गई और उसने कुछ हथियाने के बजाय लोगों को कुछ देना प्रारंभ कर दिया। स्थिति इतनी बदल गई कि आगे चलकर वह अपने शहर का महापौर (मेयर) भी बन गया।

> ***किसी भी परिवर्तन की शुरुआत हमेशा मन से होती है। अपना भार (वजन) घटाने के इच्छुक किसी भी व्यक्ति के लिए सबसे पहले यह जरूरी है कि वह अपने मन में स्वस्थता एवं स्वास्थ्य के प्रति उत्तम मूल्य विकसित करे। वह अनिवार्यत: चुस्त और मजबूत भी होना चाहेगा। किसी बुरे स्वभाववाले व्यक्ति को सबसे पहले अपने क्रोध की बेड़ियों से मुक्त होना होगा।***

किसी भी परिवर्तन की शुरुआत हमेशा मन से होती है। अपना भार (वजन) घटाने के इच्छुक किसी भी व्यक्ति के लिए सबसे पहले यह जरूरी है कि वह अपने मन में स्वस्थता एवं स्वास्थ्य के प्रति उत्तम मूल्य विकसित करे। वह अनिवार्यत: चुस्त और मजबूत भी होना चाहेगा। किसी बुरे स्वभाववाले व्यक्ति को सबसे पहले अपने क्रोध की बेड़ियों से मुक्त होना होगा। यदि कोई व्यापारी भ्रष्टाचार से दूर रहने का इच्छुक है तो उसे अनिवार्यत: नैतिक व्यापार रीतियों के मूल्य को समझने की आवश्यकता होगी। यदि कोई कंपनी वैश्विक कंपनी बनना चाहती है तो वह ऐसा तभी कर सकती है, जब उसके स्वामी या नेता वैश्विक रूप से सोचेंगे।

भाग्य एवं मुक्त इच्छा

सभी जीवधारी अपनी वासनाओं या स्वभाव के अनुसार काम करते हैं। गाय का स्वभाव कोमल होता है, शेर हिंसक होता है, हिरण उछल-कूद करता है और हाथी सुस्त होता है। सभी प्राणी अपने स्वभाव से बँधे हुए हैं। उनके पास खुद को बदलने की आजादी नहीं है। कोई गाय कभी उग्र नहीं हो सकती। किसी शेर के पास अपने शिकार के साथ करुणा दिखाने का विकल्प नहीं होता है। कोई हिरण जान-बूझकर भी सुस्त नहीं हो सकता या अपनी प्राकृतिक गति को कम नहीं कर सकता। प्रत्येक प्राणी के भाग्य में अपने स्वभाव के अनुसार जीवन-यापन करना निर्धारित है।

मनुष्यों के पास भी उनके स्वभाव एवं चारित्रिक गुण होते हैं। संसार में आक्रामक लोग भी हैं और सौम्य तथा सभ्य लोग भी हैं। कुछ लोगों की बुद्धि बहुत तेज होती है और कुछ लोग मंद बुद्धिवाले भी हो सकते हैं; किंतु केवल मनुष्य ही ऐसा प्राणी है, जिसके पास परिवर्तन करने की शक्ति होती है। आइए, कुछ उदाहरणों पर गौर करते हैं।

मनुष्यों के पास भी उनके स्वभाव एवं चारित्रिक गुण होते हैं। संसार में आक्रामक लोग भी हैं और सौम्य तथा सभ्य लोग भी हैं। कुछ लोगों की बुद्धि बहुत तेज होती है और कुछ लोग मंद बुद्धिवाले भी हो सकते हैं; किंतु केवल मनुष्य ही ऐसा प्राणी है, जिसके पास परिवर्तन करने की शक्ति होती है। आइए, कुछ उदाहरणों पर गौर करते हैं।

किसी समय श्रीनिवास नायक नामक एक हीरा व्यापारी हुआ करता था। एक दिन एक गरीब आदमी ने उससे कुछ पैसे माँगने का अनुरोध किया। श्रीनिवास नायक ने उसे पैसे देने से इनकार कर दिया। उसके बाद वह आदमी उसकी पत्नी के पास गया और उससे भी कुछ पैसे देने का

अनुरोध किया। उसने उस व्यक्ति को अपनी नाक की बाली उतारकर दे दी। बाली लेकर वह श्रीनिवास नायक के पास दोबारा गया और बोला कि वह उस बाली को गिरवी रख ले। श्रीनिवास ने अपनी पत्नी की नाक की बाली को पहचान लिया और अपनी पत्नी से जाकर पूछा कि तुमने यह गुप्तदान क्यों दिया? अपने पति के गुस्से से भयभीत होकर वह जहर पीने के लिए दौड़ी; लेकिन उसे जहर के स्थान पर उसकी नाक की बाली मिली। इस घटना ने श्रीनिवास नायक को पूरी तरह बदल दिया और उसने अपना सारा धन दान कर दिया तथा भिक्षु बनने के लिए घर छोड़ दिया।

श्रीनिवास नायक की भेंट व्यासतीर्थ गुरु से हुई, जिन्होंने उसे उसके संगीत के ज्ञान से परिचित कराया और उसका नाम 'पुरंदर दास' रख दिया। पुरंदर दास ने भगवान् विष्णु की प्रार्थना में 4,00,000 से अधिक भजनों की धुन बनाई। ऐसा विश्वास किया जाता है कि जो गरीब व्यक्ति उसके पास धन माँगने आया था, वह कोई और नहीं, बल्कि स्वयं भगवान् विष्णु ही थे!

श्रीनिवास नायक की भेंट व्यासतीर्थ गुरु से हुई, जिन्होंने उसे उसके संगीत के ज्ञान से परिचित कराया और उसका नाम 'पुरंदर दास' रख दिया। पुरंदर दास ने भगवान् विष्णु की प्रार्थना में 4,00,000 से अधिक भजनों की धुन बनाई। ऐसा विश्वास किया जाता है कि जो गरीब व्यक्ति उसके पास धन माँगने आया था, वह कोई और नहीं, बल्कि स्वयं भगवान् विष्णु ही थे!

उड़ीसा में एक भिखारी ने स्कूल खोला! उसने महसूस किया कि उसके गाँव में कोई भी स्कूल नहीं था। उसने अपनी यथासंभव आय से नियमित रूप से कुछ धन बचाना शुरू कर दिया। जब उसने अपनी भिक्षा से होनेवाली आय से काफी धन बचाकर एक तरफ रख लिया तो उसने

एक पेड़ के नीचे एक विद्यालय शुरू कर दिया।

स्टीव जॉब्स ने अपनी कॉलेज की पढ़ाई बीच में ही छोड़ दी थी। उसे एक श्रमिक वर्ग के दंपती ने गोद ले लिया था। जॉब्स ने अपने जीवन के प्रारंभिक वर्षों में काफी संघर्ष किया था, फिर भी वह एक दिन दुनिया का सबसे अमीर आदमी बन गया और उसने दुनिया भर के लोगों के जीवन को उल्लेखनीय रूप से प्रभावित किया।

ऐसे अनेक अरबपति थे, जो भविष्य में कंगाल बन गए; मेधावी उपलब्धियाँ प्राप्त करनेवाले लोग अपराधी या कुछ और बन गए। ऐसा क्यों होता है ?

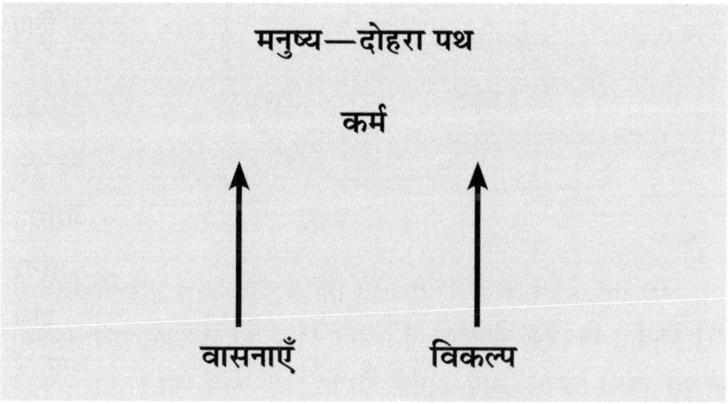

वर्तमान क्षण में आप अपनी वासनाओं के शिकार हैं। यह आपकी किस्मत, भाग्य या प्रारब्ध, अर्थात् कुल मिलाकर यह आपके विगत विचारों, इच्छाओं एवं कर्मों का समुच्चय है। यह अपरिवर्तनीय है; यह परिवर्तित नहीं हो सकता। इसका अपना एक तरीका है। ऐसा कुछ भी नहीं है, जिसके बारे में आप अभी कुछ कर सकते हैं।

बहरहाल, आपके पास आत्म-प्रयास या पुरुषार्थ का एक अद्भुत उपहार है, जो कि भाग्य से पूर्णतया स्वतंत्र है और आपके नियंत्रण में

है। इसलिए आप अपने प्रत्येक विचार एवं कर्म का चयन करने हेतु स्वतंत्र हैं। एक बार जब कृत्य पूर्ण हो जाता है तो आप उसके प्रभाव के शिकार बन जाते हैं, जो आपके भाग्य को कुछ अंश तक बदल देता है। किसी विशेष दिशा में किया जानेवाला अनवरत प्रयास आपके जीवन के उद्देश्य को परिवर्तित कर सकता है।

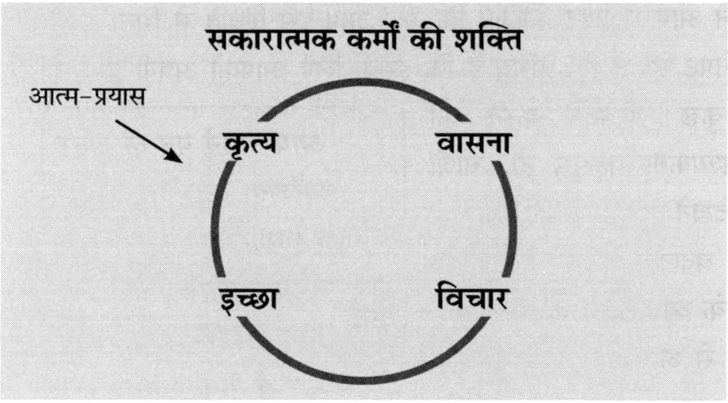

जब तक आप यह सोचते रहेंगे कि प्रत्येक चीज पूर्व निर्धारित है और आपके नियंत्रण से बाहर है, आप स्वयं को कमजोर एवं अशक्त महसूस करते रहेंगे। आप अपनी प्रेरणा एवं कार्य करने का उत्साह खो देते हैं, जब आपको इस बात का अहसास हो जाता है कि प्रत्येक चीज आपसे ही उत्पन्न होती है। आप अपना आत्मविश्वास, उत्साह एवं इच्छा-शक्ति दोबारा अर्जित कर लेते हैं। आपके अंदर अपनी स्वतंत्र इच्छा से अपने भाग्य की रचना करने की शक्ति है। इसके लिए जागृति, ललक, समर्पण एवं धैर्य की आवश्यकता होती है। प्रत्येक व्यक्ति अपने भाग्य का विधाता है।

जब आप खुद को एक नादान पत्नी, आर्थिक हानि या परीक्षणात्मक परिस्थितियों से निपटने में असमर्थ पाते हैं तो सामान्यतया खुद को विवश

पाते हुए सारा दोष दुनिया पर मढ़ने लगते हैं। सत्य यह है कि कर्म का नियम अपना कार्य कर रहा है और वही आपके पास तक भी आ रहा है। कोई अन्य व्यक्ति या स्थिति तो निमित्त मात्र है, जिसके माध्यम से नियम को पछोरा जा रहा है।

आप अपने मन के अंदर झाँकिए, कार्य के कारण को खोजिए। अपने आप से प्रश्न कीजिए कि क्या आप इस स्थिति से भिन्न प्रकार से निपट सकते थे? संभव है कि इसके लिए आपको अपनी प्रवृत्तियों में कुछ परिवर्तन करने की आवश्यकता महसूस हो, चीजों को देखने के आपके दृष्टिकोण में कुछ बदलाव करना पड़े। शायद आपके व्यवहार में थोड़ा बदलाव लाने से आपका काम बन जाए। जब आप अपनी व्यथा के कारण को समाप्त कर देते हैं तो आप पाते हैं कि आपके परिवेश में भी सुधार हो गया है।

आप अपने मन के अंदर झाँकिए, कार्य के कारण को खोजिए। अपने आप से प्रश्न कीजिए कि क्या आप इस स्थिति से भिन्न प्रकार से निपट सकते थे? संभव है कि इसके लिए आपको अपनी प्रवृत्तियों में कुछ परिवर्तन करने की आवश्यकता महसूस हो, चीजों को देखने के आपके दृष्टिकोण में कुछ बदलाव करना पड़े।

जब तक आप अपने भीतर झाँककर समस्या के कारण को दुरुस्त नहीं करेंगे, तब तक वही समस्या भिन्न-भिन्न तरीकों से आपके संपूर्ण जीवन में और प्रत्येक जीवन में बार-बार उत्पन्न होती रहेगी। आप अनजाने ही अपनी व्यथा को बढ़ाते रहते हैं। आप दुनिया द्वारा प्रताड़ित होना जारी रखते हैं। इसलिए आप अपने व्यक्तित्व के स्वामी बनिए और एक उज्ज्वल भविष्य के निर्माण की दिशा में सचेत होकर अच्छे विकल्पों का चयन कीजिए।

विक्टर फ्रैंकल जब बंदी शिविर से बाहर आया तो उसके मन में उन लोगों के प्रति कोई शत्रुता की भावना नहीं थी, जिन्होंने उसे तथा उसके जैसे अन्य लोगों को अत्यंत उत्पीड़ित एवं व्यथित किया था। नेल्सन मंडेला जब दशकों बाद जेल से रिहा हुए थे तो उन्होंने कहा था कि यदि उन्होंने अपनी घृणा एवं नकारात्मकता को पीछे नहीं छोड़ा है तो वे अभी भी खुद को उसी कारागार में पाते हैं। कोई अन्य व्यक्ति चाहे कितना भी दुराग्रही क्यों न हो, यदि आप नकारात्मक रूप से सोचने से इनकार कर देते हैं तो आपका जीवन बदल जाता है। जिन लोगों ने विक्टर फ्रैंकल एवं नेल्सन मंडेला का उत्पीड़न किया था, वे अपने संपूर्ण जीवन में जेल के प्रहरी बने रहे। फ्रैंकल एवं मंडेला पुष्पित व पल्लवित हुए और ऐसे दिव्य व्यक्तित्व के रूप में उभरे, जिन्होंने अन्य अनेक लोगों को प्रेरणा प्रदान की।

विक्टर फ्रैंकल जब बंदी शिविर से बाहर आया तो उसके मन में उन लोगों के प्रति कोई शत्रुता की भावना नहीं थी, जिन्होंने उसे तथा उसके जैसे अन्य लोगों को अत्यंत उत्पीड़ित एवं व्यथित किया था। नेल्सन मंडेला जब दशकों बाद जेल से रिहा हुए थे तो उन्होंने कहा था कि यदि उन्होंने अपनी घृणा एवं नकारात्मकता को पीछे नहीं छोड़ा है तो वे अभी भी खुद को उसी कारागार में पाते हैं।

उद्‌देश्य खोजिए, लक्ष्य निर्धारित कीजिए, उसे प्राप्त करने की दिशा में प्रयास कीजिए। जब आपके पास करने हेतु कोई प्रेरणास्पद कार्य होता है तो आपके पास नकारात्मकताओं पर नष्ट करने के लिए न तो कोई समय होता है और न ही आप उनकी ओर झुकते हैं। इस बात को अच्छी तरह समझ लीजिए कि व्यक्ति हमेशा वही कार्य करता है, जिसे करने के लिए उसकी प्रकृति उसे निर्देशित करती है। आप अन्य लोगों को उनके हाल पर छोड़

दीजिए, उनकी मूर्खता पर दुःख प्रकट कीजिए; परंतु खुद को उनके स्तर तक मत गिराइए।

आप अपनी प्रेरणा, अपने मार्ग एवं अपने लक्ष्य पर ध्यान केंद्रित कीजिए और आपके लिए जीवन बदल जाएगा। जब तक आप अपने मन में दुनिया के संकीर्ण विचारोंवाले बुरे लोगों को स्थान देंगे, तब तक आप उन्हें अनावश्यक महत्त्व देते रहेंगे। आप उनके प्रति आसक्त हो जाएँगे, जिसका परिणाम यह होगा कि आप अपने जीवन का आनंद लेने में असमर्थ रहेंगे। त्यागने की कला सीखिए।

एक बार तीन स्त्रियों ने लंदन के एक उच्च स्तरीय रेस्तराँ में एक आध्यात्मिक गुरु को लंच करने हेतु आमंत्रित किया। खाना खाने के पूरे समय के दौरान वे तीनों अपनी-अपनी सासों की बुराइयाँ करने में व्यस्त रहीं। वे अपनी बातचीत में इतनी व्यस्त रहीं कि किसी ने भी भोजन पर ध्यान नहीं दिया; जबकि गुरु ने शांतिपूर्वक स्वादिष्ट भोजन का आनंद लिया। आध्यात्मिक गुरु जब अपना भोजन समाप्त कर चुके तो उन्होंने उन स्त्रियों से पूछा कि उनकी सासें कहाँ रहती हैं? एक ने बताया कि न्यूयॉर्क में, दूसरी ने अपनी सास को दुबई में बताया और तीसरी ने बताया कि उसकी सास हांगकांग में रहती है। गुरु ने कहा, "जिन लोगों को आप इतना अधिक नापसंद करती हैं, उन्हें लंदन में क्यों

एक बार तीन स्त्रियों ने लंदन के एक उच्च स्तरीय रेस्तराँ में एक आध्यात्मिक गुरु को लंच करने हेतु आमंत्रित किया। खाना खाने के पूरे समय के दौरान वे तीनों अपनी-अपनी सासों की बुराइयाँ करने में व्यस्त रहीं। वे अपनी बातचीत में इतनी व्यस्त रहीं कि किसी ने भी भोजन पर ध्यान नहीं दिया; जबकि गुरु ने शांतिपूर्वक स्वादिष्ट भोजन का आनंद लिया।

ढो रही हैं ? वे जहाँ हैं, उन्हें वहीं रहने दीजिए और अपनी स्वतंत्रता का आनंद लीजिए।"

अकसर यह केवल आकलन के अभाव या अनुचित आकलन का मामला होता है। प्रत्येक स्त्री या पुरुष का अपना निजी स्वभाव होता है, ठीक उसी तरह जैसे कि जानवरों के अपने विशेष गुण होते हैं। कोई पशु-प्रेमी प्रत्येक पशु के स्वभाव को समझता है और सभी पशुओं से प्रेम करता है। वह पशुओं के व्यवहार को व्यवस्थित करता है और उसी के अनुसार अपने व्यवहार को परिवर्तित कर लेता है; जबकि उसके पास किसी पिल्ले या बिल्ली के बच्चे पर अपना प्यार लुटाने का सामर्थ्य होता है। वह किसी शेर या कोबरा (जहरीला साँप) के प्रति अपने प्रेम का प्रदर्शन भिन्न तरीके से करता है। वह जानवर से यह आशा नहीं करता है कि जानवर उसकी इच्छा या आवश्यकता के अनुसार खुद को व्यवस्थित करे। इस प्रकार, वह सभी जीवधारियों के साथ प्रसन्न रहता है।

अकसर यह केवल आकलन के अभाव या अनुचित आकलन का मामला होता है। प्रत्येक स्त्री या पुरुष का अपना निजी स्वभाव होता है, ठीक उसी तरह जैसे कि जानवरों के अपने विशेष गुण होते हैं। कोई पशु-प्रेमी प्रत्येक पशु के स्वभाव को समझता है और सभी पशुओं से प्रेम करता है।

जब मानव प्राणियों के साथ व्यवहार करने की बात आती है तो हमारी यह बुद्धिमानी हमसे बचकर निकल जाती है। इसका पहला कारण यह है कि हमारे पास इस बात की गलत जानकारी या कोई समझ नहीं होती है कि लोग अपने स्वभाव एवं गुणों के अनुसार आचरण करते हैं। आपको लोगों के स्वभाव, जिस शहर में आप रहते हैं, उसके मौसम और जिस सरकार के अधीन आप रहते हैं, उसका आकलन करने की

आवश्यकता है। आपको विश्व की प्रकृति को भी समझना होगा। जिस प्रकार कोई कुत्ता भौंकता है, साँप विष-वमन करता है और शेर अबोध प्राणियों पर झपट्टा मारकर खा जाता है; उसी प्रकार ऐसे अनेक लोग हैं, जो आपके ऊपर भौंकते हैं, आपके प्रति विषाक्त हैं या आपके ऊपर झपट्टा मारते हैं। समझिए, आकलन कीजिए एवं स्वीकार कीजिए। इसके बाद तय कीजिए कि आपको उनके साथ कैसे निपटना है।

अन्य लोगों की गलतियों की सजा भुगतने से इनकार कर दीजिए। यदि वह गलत कर रहा/रही है तो उसे अपने नकारात्मक कृत्यों की कीमत स्वयं चुकानी पड़ेगी। उसके लिए आप स्वयं को क्यों पीड़ित कर रहे हैं? यह तो ऐसे ही है, जैसे कोई अन्य व्यक्ति अनाप-शनाप चीज खाए और पेट आपका खराब हो जाए। अन्य लोगों की गलतियों की सजा आप खुद को नहीं देंगे तो आप खुद को तूफानग्रस्त समुद्र के मध्य शांति के एक द्वीप के रूप में बनाए रखेंगे। जब आप अप्रभावित रहते हैं तो आप शक्ति अर्जित करते हैं। लोग अधिक समय तक आपके साथ वाद-विवाद नहीं करेंगे। स्कूल में शैतान लड़के केवल अपने दुर्बल सहपाठियों को ही सताने के लिए चुनते हैं। सशक्त लड़कों से वे खुद भयभीत होते हैं और उन्हें अकेला छोड़ देते हैं।

□

6

अपने मन को बृहत्तर संभावनाओं हेतु खोलें

❋

आप कारण और प्रभाव के विषय में चाहे जितना विश्वास करना पसंद करें, आपको अकसर ऐसे लोग मिल जाएँगे, जो बुरे काम करके भी स्पष्ट तौर पर उसके परिणाम से बच निकलते हैं। दूसरी ओर, आपको ऐसे लोग भी मिल जाएँगे, जो निर्दोष होते हुए भी अनावश्यक कष्ट झेलते हुए दिखाई देंगे। आपको यह देखकर आश्चर्य होगा कि प्रायश्चित्त कहाँ होता है और यह भी कि क्या दुनिया में न्याय नाम की कोई चीज है भी या नहीं!

यदि आप स्वयं अपने भविष्य के निर्माता हैं तो आप खुद को अप्रिय स्थितियों में कैसे पाते हैं? ऐसा क्यों होता है कि लोग दयनीय दशाओं में जीवन-यापन करते हैं, कुपोषण के शिकार होते हैं और भूखे रहते हैं? कुछ लोग दिव्यांग क्यों होते हैं और अब भी कई ऐसे वरिष्ठ नागरिक हैं, जो कष्टदायक रोगों से पीड़ित हैं, इत्यादि? किसी भी व्यक्ति को बीमारी, गरीबी या भूखे रहने की इच्छा नहीं होती है। बलों के नियम का अधोलिखित वृत्तचित्र इस प्रवृत्ति को स्पष्ट करता है।

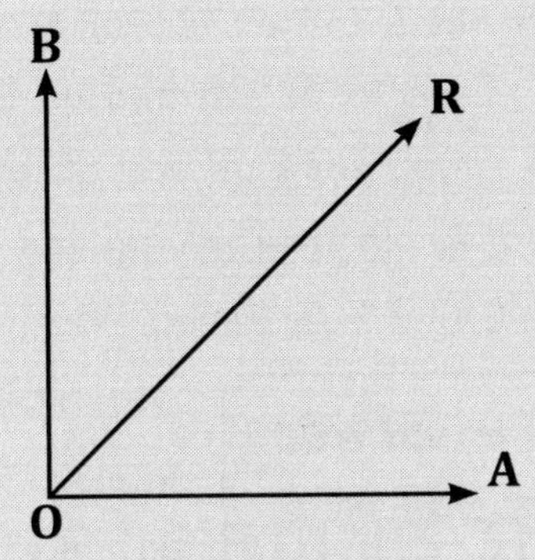

प्रारब्ध विगत पुरुषार्थों का परिणामी रूपांतरण है

मान लीजिए कि 'O' एक वस्तु है और दो समान बल हैं, जो उस पर कार्य करते हैं—एक लंबवत् एवं दूसरा क्षैतिज या समानांतर दिशा में। वह वस्तु घूमकर पैंतालीस अंश के कोण पर पहुँच जाएगी। यही दो बलों का परिणामी रूपांतरण है। यदि उस वस्तु पर अनेक बल कार्य कर रहे हैं तो वस्तु सभी बलों के परिणामों की दिशा में घूम जाएगी। भौतिक विज्ञान हमें यही बताता है। इसी प्रकार, आप अपने आंतरिक जगत् में विभिन्न प्रकार के विचारों, इच्छाओं एवं कृत्यों को स्थान देते हैं। आप जिस चीज का सामना करते हैं, वह इन सबका परिणामी रूपांतरण है।

आपको इस बात का कोई आभास नहीं होता है कि परिणामी आपको कहाँ ले जाएगा। आपको कितनी कीमत चुकानी पड़ेगी, इसकी परवाह किए बिना कभी इधर कोई नकारात्मक विचार अपने मन में लाते हैं और कभी उधर कष्टदायक विचार पालते हैं। क्या आपने इस तथ्य पर कभी गौर किया है कि आप लोगों का ध्यान अपनी ओर आकर्षित करने के लिए बीमार होने का बहाना बनाते हैं, जिसके परिणामस्वरूप आप वास्तव में बीमार पड़ जाते हैं? इसका संदेश यह है कि आप अपने मन

में विचार लाने के बारे में सावधान रहें। वही भावनाएँ लाएँ, जिन्हें आप महसूस करते हैं। अपने मन में उसी कार्य का विचार करें, जिसे आप कर सकते हैं। वे आपको विपत्ति एवं कष्ट की ओर भी ले जा सकते हैं।

अपने विचारों के प्रति सचेत रहें। क्या आप अपने मन में घृणास्पद विचारों को स्थान दे रहे हैं? क्या आपका दृष्टिकोण नकारात्मक है? क्या आप अपने जीवन में होनेवाली घटनाओं के लिए दूसरे लोगों को दोष दे रहे हैं? इस बात को अच्छी तरह समझ लीजिए कि आपकी समस्याओं से किसी का कोई लेना-देना नहीं है और आपकी निराशा का स्त्रोत आपके अंदर निहित है। एक मनुष्य के रूप में आपका अभिकल्पन इस प्रकार किया गया है कि दुनिया में आपको आपके अतिरिक्त कोई अन्य चीज परेशान नहीं कर सकती। अपने अंतर्मन में झाँकिए, कारण को पहचानिए, अपनी प्रवृत्ति में परिवर्तन लाइए। प्रवृत्ति ही एकमात्र ऐसी चीज है, जो आपके नियंत्रण में है। यह आपकी एक ऐसी आजादी है, जो कभी भी आपसे छीनी नहीं जा सकती।

अपने विचारों के प्रति सचेत रहें। क्या आप अपने मन में घृणास्पद विचारों को स्थान दे रहे हैं? क्या आपका दृष्टिकोण नकारात्मक है? क्या आप अपने जीवन में होनेवाली घटनाओं के लिए दूसरे लोगों को दोष दे रहे हैं? इस बात को अच्छी तरह समझ लीजिए कि आपकी समस्याओं से किसी का कोई लेना-देना नहीं है और आपकी निराशा का स्त्रोत आपके अंदर निहित है।

जब आप जीवन के सौंदर्य को देखना प्रारंभ करते हैं तो उसकी कुरूपता स्वयमेव धूमिल हो जाती है। जीवन को आनंदपूर्वक एवं उत्साहपूर्वक देखिए, आपकी शोकाकुलता समाप्त हो जाएगी। स्वर्ग एवं नरक एक साथ नहीं रह सकते। इसका चयन आपके ऊपर निर्भर है।

कोई भी परिवर्तन वर्तमान के प्रति आपके असंतोष एवं उत्तम भविष्य के प्रति आपकी स्पष्ट दृष्टि के साथ प्रारंभ होता है। जब आपका मन बृहत्तर संभावनाओं की ओर खुलता है तो पुनरुत्थान एवं रूपांतरण का मंच तैयार हो जाता है। आप समझ जाते हैं कि एक उत्तम श्रेणी का जीवन आपकी प्रतीक्षा कर रहा है। आप उन लोगों की ओर देखें, जो सकारात्मक दृष्टिकोण एवं आचरण से लाभान्वित हुए हैं।

आप ज्ञान प्राप्त करने का प्रयास कीजिए, एक नई मनोदशा के साथ प्रयोग प्रारंभ कीजिए। आप अपने सोचने के तौर-तरीकों को बदलने का समेकित प्रयास कीजिए। उसके बाद आपको परिणाम दिखाई देगा और आप अपने जीवन में एक नया दृष्टिकोण समाहित कर लेंगे। आप एक परिवर्तित व्यक्ति बन जाएँगे।

आप ज्ञान प्राप्त करने का प्रयास कीजिए, एक नई मनोदशा के साथ प्रयोग प्रारंभ कीजिए। आप अपने सोचने के तौर-तरीकों को बदलने का समेकित प्रयास कीजिए। उसके बाद आपको परिणाम दिखाई देगा और आप अपने जीवन में एक नया दृष्टिकोण समाहित कर लेंगे। आप एक परिवर्तित व्यक्ति बन जाएँगे।

श्रीमद्भगवद्गीता के प्रारंभ में अर्जुन अत्यंत अवसाद एवं निराशा की अवस्था में था। उसने अपना धनुष व तूणीर रख दिया और युद्ध करने से इनकार कर दिया। तीन घंटों में समाप्त हुए कृष्ण के संदेश के बाद अर्जुन अपनी तंद्रा से जागा और भीषण युद्ध करने के बाद उसमें विजय भी प्राप्त की!

तीन R

जीवन तीन कार्य-व्यापारों से युक्त है। विश्व की उत्तेजनाएँ आपके प्रत्यक्ष ज्ञान के अंगों के माध्यम से आपके अंदर प्रवेश करती हैं। आप

विभिन्न वस्तुओं को देखते, सुनते, सूँघते, स्वाद लेते और स्पर्श करते हैं। इसके बाद उत्तेजनाएँ मन के ज्ञान केंद्रों में प्रसारित हो जाती हैं। इसी स्थान पर आपकी अवधारणाएँ पंजीकृत होती हैं। यदि आप कोई मैच देखने में व्यस्त हैं और इस बीच यदि आपके परिवार का कोई सदस्य आपसे कोई बात करता है तो आपका मन उसे अपने अंदर दर्ज नहीं करता है, क्योंकि वह पहले ही मैच से बोझिल है।

मन एवं बुद्धि के स्तर पर आपके मन में बैठी उत्तेजनाओं एवं इच्छाओं के बीच एक प्रतिक्रिया होती है। मन अहसासों एवं भावनाओं का क्षेत्र है, जबकि बुद्धि तर्क और विवेचना का क्षेत्र है। यह प्रतिक्रिया इसके बाद एक प्रत्युत्तर के रूप में दुनिया में कार्यरूप में परिणत होती है। इस प्रकार जीवन तीन 'R' से युक्त है—रिसिप्ट, रिएक्शन, रिस्पॉन्स—उत्तेजनाओं की प्राप्ति, अंतर्मन में प्रतिक्रिया एवं जगत् में उसकी अनुक्रिया एक प्रतिक्रिया के रूप में होती है।

> ***मन एवं बुद्धि के स्तर पर आपके मन में बैठी उत्तेजनाओं एवं इच्छाओं के बीच एक प्रतिक्रिया होती है। मन अहसासों एवं भावनाओं का क्षेत्र है, जबकि बुद्धि तर्क और विवेचना का क्षेत्र है। यह प्रतिक्रिया इसके बाद एक प्रत्युत्तर के रूप में दुनिया में कार्यरूप में परिणत होती है।***

उत्तेजनाएँ तो समान ही रहती हैं, क्योंकि मन की प्रकृति के कारण भिन्न लोगों में उसकी प्रतिक्रिया भी भिन्न ही होती है। कोई व्यक्ति आपके प्रति विनीत एवं शुभेच्छु हो सकता है; परंतु चूँकि आपके मन में उसके प्रति नापसंदगी है, इसलिए आप उसके व्यवहार को ढोंग एवं चापलूसी की संज्ञा दे देते हैं। यदि आपकी सास आपके लिए अत्यंत स्वादिष्ट भोजन बनाती है तो आपको उसमें इसलिए आनंद नहीं आएगा, क्योंकि आपके मन में उसके प्रति दुर्भावना है। दरअसल, आपकी सास

जो कुछ भी करती है, उसे आप नकारात्मक दृष्टि से देखते हैं। इसके बावजूद आप मानते हैं कि समस्या आपकी सास के साथ है।

इसी प्रकार, जब आपका बॉस आपके पेशे से संबंधित कोई मूल्यवान् एवं महत्त्वपूर्ण सुझाव देता है तो आप उसे इसलिए ठुकरा देते हैं, क्योंकि आप अपने बॉस को पसंद नहीं करते हैं। आपका यह रवैया उन सभी लोगों के साथ जारी रहता है, जिनके प्रति आपके मन में घृणा है, आपके मन में उनके विरुद्ध कोई कुंठा है या उनके विरुद्ध आप प्रतिशोध की भावना रखते हैं। आपकी दुनिया घृणा, प्रतिशोध एवं शत्रुता से भर जाती है। इसका कारण आपके अंदर है, परंतु आप उसे कहीं अन्यत्र देखते हैं। सारी जिंदगी आप बाहरी लोगों एवं परिस्थितियों को दोष देते रहते हैं और शिकायत करते रहते हैं; जबकि अपनी प्रवृत्ति में जरा सा परिवर्तन करने से आपका काम चल सकता है।

जब आपका बॉस आपके पेशे से संबंधित कोई मूल्यवान् एवं महत्त्वपूर्ण सुझाव देता है तो आप उसे इसलिए ठुकरा देते हैं, क्योंकि आप अपने बॉस को पसंद नहीं करते हैं। आपका यह रवैया उन सभी लोगों के साथ जारी रहता है, जिनके प्रति आपके मन में घृणा है, आपके मन में उनके विरुद्ध कोई कुंठा है या उनके विरुद्ध आप प्रतिशोध की भावना रखते हैं।

इसके लिए पहला कदम यह है कि आप अपनी बुद्धि से काम लें और उचित पक्षों को तसवीर में लाएँ। गुणों के आधार पर लोगों को अलग कर लें। इसके बाद आप देखेंगे कि आप जिस व्यक्ति को बुरा समझते थे, वह वास्तव में उतना बुरा नहीं है। वह बुरी आदतोंवाला एक अच्छा आदमी है। जिस प्रकार आपके भीतर कुछ नकारात्मकताएँ हैं, आपके परिवारवालों का स्वभाव आपको परेशान करनेवाला महसूस

होता है। प्रत्येक व्यक्ति की अपनी निजी विशेषताएँ होती हैं, जिनमें से कुछ आपको व्यथित करनेवाली महसूस होती हैं।

आप अपनी सास पर अपना ध्यान दिए बगैर उस थाली को देखिए, जो उसने आपके लिए तैयार की है। उसे भोजन से अलग कर दीजिए। आप भोजन को उस घृणा से दूषित क्यों करते हैं, जो आपने अपने मन में अपनी सास के प्रति पहले से पाल रखी है? आप अपने बॉस द्वारा दी गई राय को उसके प्रति अपनी नापसंदगी से अलग करके देखिए। इसी तरह और कई चीजें हैं, जिन्हें आप अनदेखा कर सकते हैं। आपका जीवन आपके लिए कम कष्टप्रद एवं थोड़ा खुशहाल हो जाएगा।

एलन ट्यूरिंग कैंब्रिज एवं प्रिंस्टन विश्वविद्यालयों के एक मेधावी गणितज्ञ थे, जो ब्रिटिश सरकार के लिए काम करते थे। द्वितीय विश्व युद्ध के दौरान जर्मनों ने युद्ध के लिए जो गुप्त कोड बनाया था, उस कोड को खोलने का दायित्व एलन को सौंपा गया था।

एलन ट्यूरिंग कैंब्रिज एवं प्रिंस्टन विश्वविद्यालयों के एक मेधावी गणितज्ञ थे, जो ब्रिटिश सरकार के लिए काम करते थे। द्वितीय विश्व युद्ध के दौरान जर्मनों ने युद्ध के लिए जो गुप्त कोड बनाया था, उस कोड को खोलने का दायित्व एलन को सौंपा गया था। ऐसा अनुमान है कि एलन ट्यूरिंग एवं उनके अन्य साथियों ने मिलकर उस गुप्त कोड के रहस्य को सुलझा लिया और युद्ध की अवधि कई वर्षों तक कम कर दी। इतना बुद्धिमान होने के बावजूद उनके साथी-संगी उनके उग्र स्वभाव के कारण उनसे मेल-जोल बढ़ाने से बचते थे। उनके साथियों ने अपने देश के हित में उनकी नकारात्मकताओं को अनदेखा करके उनके साथ काम किया और वांछित लक्ष्य प्राप्त किया।

प्रत्येक व्यक्ति में खामियाँ होती हैं। आप या तो उसके दोषों पर

ध्यान देकर अपने लिए कठिनाई एवं पीड़ा उत्पन्न कर सकते हैं या उनसे ऊपर उठकर उसके सकारात्मक गुणों को देख सकते हैं। विकल्प का चयन करना आपके हाथ में है। आप वही विकल्प चुनें, जो आपके जीवन में कारगर परिवर्तन ला सकता हो।

अगला कदम यह है कि आप किसी व्यक्ति को नापसंद क्यों करते हैं? संभव है कि आपकी घृणा का उस व्यक्ति से कोई लेना-देना ही न हो। वह आपकी घृणास्पद महत्त्वाकांक्षा हो सकती है, जो आपको हरेक व्यक्ति को साथी के बजाय अपने प्रतियोगी के रूप में देखने हेतु विवश करती हो। आप गुप्त रूप से तो अपने बॉस को पसंद करते हैं, परंतु आप उसे अपने जीवन की बाधा के रूप में भी देखते हैं। यह भी तो सत्य हो सकता है कि आपका बॉस वास्तव में आपको पदोन्नति देने की कोशिश कर रहा हो।

अगला कदम यह है कि आप किसी व्यक्ति को नापसंद क्यों करते हैं? संभव है कि आपकी घृणा का उस व्यक्ति से कोई लेना-देना ही न हो। वह आपकी घृणास्पद महत्त्वाकांक्षा हो सकती है, जो आपको हरेक व्यक्ति को साथी के बजाय अपने प्रतियोगी के रूप में देखने हेतु विवश करती हो।

इस प्रकार के आधारहीन एवं ईर्ष्यालु विचार आपके जीवन में त्रासदी का कारण हैं। दुर्योधन पांडवों को अपने शत्रुओं के रूप में देखता था, जबकि वास्तव में वे उसके शुभचिंतक थे। युधिष्ठिर एवं अन्य पांडवों ने कई बार निश्चित मृत्यु से उसकी रक्षा की थी। इसके बावजूद वह उनसे और उनकी अच्छाइयों, उनकी शक्तियों एवं लोकप्रियता से घृणा करता था। वह हर समय पांडवों को कष्ट पहुँचाने हेतु अपने संसाधनों का प्रयोग करता रहता था। इसके विपरीत, पांडव उसकी सभी बुराइयों एवं घृणास्पद कृत्यों को अनदेखा करके भाई के रूप में अपने

दायित्वों का निर्वहण करते थे। अंततोगत्वा, अपनी ईर्ष्यालु प्रवृत्ति के कारण दुर्योधन ने न केवल अपना एवं अपने परिवार का विनाश कर लिया, बल्कि राज्य में चारों तरफ विनाशकारी मृत्यु का तांडव मचा दिया। अंततोगत्वा, पांडवों ने राज्य पर विजय प्राप्त कर ली।

शेक्सपियर अपनी त्रासदियों में इसे रेखांकित करते हैं। 'ओथेलो' नाटक का खलनायक इयागो संदेह के कारण अपनी पत्नी का गला घोंटकर उसकी हत्या कर देता है। वास्तविक कारण उसकी अपनी हीन भावना थी, जिससे उसने यह मानना शुरू कर दिया कि उसकी पत्नी उसके प्रति वफादार नहीं है। मैकबेथ ने यह सोचकर सम्राट् डंकन की हत्या कर दी कि वह उसकी मृत्यु के बाद स्वयं राजा बन जाएगा। वास्तविकता यह थी कि सम्राट् डंकन उसके शुभचिंतक थे! ब्रूटस ने जूलियस सीजर की हत्या कर दी, जो कि उससे सचमुच प्यार करती थी। इसी प्रकार, मात्र निराधार संदेहों, कल्पनाओं एवं भ्रम के कारण आप भी अपने पूर्णतया अद्भुत संबंधों की हत्या कर रहे हैं।

शेक्सपियर अपनी त्रासदियों में इसे रेखांकित करते हैं। 'ओथेलो' नाटक का खलनायक इयागो संदेह के कारण अपनी पत्नी का गला घोंटकर उसकी हत्या कर देता है। वास्तविक कारण उसकी अपनी हीन भावना थी, जिससे उसने यह मानना शुरू कर दिया कि उसकी पत्नी उसके प्रति वफादार नहीं है।

जागिए और आँखें खोलकर वास्तविक सच्चाई को देखिए। चीजों को आप उनके यथावत् रूप में देखिए। आप अपना विनाश करने से पूर्व अपने विचारों में परिवर्तन कीजिए। इस बात को हमेशा याद रखिए कि घृणा, भावातिरेक एवं नकारात्मकता उस व्यक्ति को कोई हानि नहीं पहुँचाएगी, जिससे आप घृणा करते हैं; लेकिन वह आपके समक्ष अनेक

अबूझ कष्ट एवं विपत्तियाँ अवश्य उपस्थित कर सकती है।

अपने अंदर सशक्त एवं सकारात्मक विचारों का सृजन कीजिए, गुरुओं द्वारा प्रदान की गई शिक्षा से स्वयं को अवगत कराइए। अपने रवैए में बदलाव लाइए। यदि आप ऐसा करेंगे तो वही उत्तेजनाएँ और वही दुनिया आपको सकारात्मक दिखाई देगी। यदि उत्तेजनाएँ नकारात्मक होंगी, तभी आपकी प्रतिक्रियाएँ सकारात्मक होंगी। 'लाइफ इज ब्यूटीफुल' (जीवन सुंदर है) नामक फिल्म में गुइडो ने अपने चार वर्षीय पुत्र के हित के लिए अपने बंदी जीवन को एक प्रसन्न जीवन में परिवर्तित कर दिया था। वह न केवल कैदियों के बीच हँसी-खुशी का माहौल बनाए रखता था, बल्कि प्रहरियों को भी खूब हँसाता था!

अपने अंदर सशक्त एवं सकारात्मक विचारों का सृजन कीजिए, गुरुओं द्वारा प्रदान की गई शिक्षा से स्वयं को अवगत कराइए। अपने रवैए में बदलाव लाइए। यदि आप ऐसा करेंगे तो वही उत्तेजनाएँ और वही दुनिया आपको सकारात्मक दिखाई देगी। यदि उत्तेजनाएँ नकारात्मक होंगी, तभी आपकी प्रतिक्रियाएँ सकारात्मक होंगी।

महात्मा बुद्ध ने उस व्यक्ति से उलझने से इनकार कर दिया था, जिसने उन्हें राह चलते हुए बेवजह गाली दी थी। जब उनके शिष्यों ने उनसे पूछा कि आपने प्रतिक्रिया क्यों नहीं की, तो बुद्ध ने कहा, "वह अपनी इच्छानुसार कुछ भी कहने के लिए स्वतंत्र है; परंतु यह मेरा विकल्प है कि मैं उसे स्वीकार करूँ या उसे वापस लौटा दूँ। मैंने उसे स्वीकार न करने का विकल्प चुना, इसलिए मैं मुक्त हूँ। आप लोगों ने उसे स्वीकार कर लिया, इसलिए आपके सामने यह समस्या उत्पन्न हुई।"

मन परिवर्तित होने के बाद आप खुद को दुनिया द्वारा प्रताड़ित

किया जाना महसूस नहीं करते। आपके पास अपनी प्रतिक्रियाओं को बदलने की शक्ति है। आपकी बुद्धि इस बात का निर्णय करती है कि क्या उत्तेजना की प्रतिक्रिया करना आवश्यक है। यदि आवश्यक है तो आप उसकी उचित, सशक्त एवं गतिशील प्रतिक्रिया देंगे। कई बार मूर्खतापूर्ण, संकीर्ण एवं स्वार्थपरकता के लिए अनुक्रिया की आवश्यकता नहीं होती है। आप उसे अनदेखा कर देंगे तो वह आपको परेशान करना बंद कर देगी। यदि आप प्रतिक्रिया देंगे तो दुनिया की उत्तेजनाओं का शिकार हो जाएँगे; परंतु तब भी आपके मन पर आपका पूर्ण नियंत्रण रहेगा। स्वामी विवेकानंद ने कहा था, "अपने मन पर विजय प्राप्त कर लेंगे तो आप दुनिया को जीत लेंगे।" आप इसे अपने खुद के जीवन में अनुभव कर सकते हैं।

भाग्य एवं कर्म का फंदा सबको अपने अंदर जकड़ता है। आप उसमें उलझकर और उसके कैदी बनकर रह जाते हैं। इससे बचाव का एकमात्र उपाय यह है कि आप अपने अंदर और बाहर सुदीर्घ, नियमित, बौद्धिक संचलन से उसे निरर्थक बना सकते हैं। इसे पुरुषार्थ या मुक्त इच्छा कहते हैं, जो अत्यंत प्रभावशाली है।

कर्म का भंडार (बैंक)

भाग्य एवं कर्म का फंदा सबको अपने अंदर जकड़ता है। आप उसमें उलझकर और उसके कैदी बनकर रह जाते हैं। इससे बचाव का एकमात्र उपाय यह है कि आप अपने अंदर और बाहर सुदीर्घ, नियमित, बौद्धिक संचलन से उसे निरर्थक बना सकते हैं। इसे पुरुषार्थ या मुक्त इच्छा कहते हैं, जो अत्यंत प्रभावशाली है। यह वासना-विचार -इच्छा-कर्म-वासना के चक्र से मुक्त होने में आपकी सहायता करता है। आपका

अतीत चाहे जैसा भी रहा हो, यदि आप अनवरत, दृढ़, स्थिर एवं सकारात्मक कर्म करेंगे तो आपके अतीत की समस्त नकारात्मकताएँ मिट जाएँगी और आप अपने लिए एक उज्ज्वल भविष्य का निर्माण कर लेंगे।

जिस प्रकार बचाए गए जल की प्रत्येक बूँद जल के संरक्षण में सहायक होती है, उसी प्रकार आपका प्रत्येक विचार, इच्छा एवं कर्म आपके जीवन में अंतर लाने में सहायक होता है। पुरुषार्थ के बल पर ही कोई शराबी गंभीर व्यक्ति बन जाता है, नशे का आदी (ड्रग एडिक्ट) कोई व्यक्ति खुद को पुनर्वासित कर लेता है, कोई क्रोधी व्यक्ति सहज स्वभाव वाला बन जाता है और कोई बिगड़ैल आदमी अनुशासन सीख लेता है। अपने अंदर निहित इस अमूल्य शक्ति को पहचानिए और अपने जीवन को उत्तम बनाने हेतु परिवर्तित कर लीजिए। यह सब करने के लिए आपको किसी उच्च बौद्धिक क्षमता की आवश्यकता नहीं है, न ही इसके लिए अधिक धन की आवश्यकता है। कुल मिलाकर, आपको केवल अपने दृष्टिकोण में परिवर्तन लाना है, जो पूर्णतया नि:शुल्क है।

जिस प्रकार बचाए गए जल की प्रत्येक बूँद जल के संरक्षण में सहायक होती है, उसी प्रकार आपका प्रत्येक विचार, इच्छा एवं कर्म आपके जीवन में अंतर लाने में सहायक होता है। पुरुषार्थ के बल पर ही कोई शराबी गंभीर व्यक्ति बन जाता है, नशे का आदी (ड्रग एडिक्ट) कोई व्यक्ति खुद को पुनर्वासित कर लेता है, कोई क्रोधी व्यक्ति सहज स्वभाव वाला बन जाता है और कोई बिगड़ैल आदमी अनुशासन सीख लेता है।

सुदूर आदिवासी गाँव का कोई व्यक्ति किसी 'क' नामक व्यक्ति को बैंक से धन की निकासी करते हुए देखता है और पाता है कि

उसके खाते में अभी बहुत सारा धन शेष है। वहीं वह 'ख' नामक किसी दूसरे व्यक्ति को बैंक में पैसे जमा करते हुए देखता है और पाता है कि उसके खाते में अभी भी लाल (ऋणात्मक) निशान लगा हुआ है। वह सोचता है कि 'क' नामक व्यक्ति सौभाग्यशाली है और 'ख' दुर्भाग्यशाली! चूँकि वह ग्रामीण व्यक्ति बैंक के कार्य व्यापार को नहीं समझता है, इसलिए वह उसका कारण भाग्य को मानता है। सच्चाई यह है कि 'क' नामक व्यक्ति ने अतीत में अपने बैंक खाते में धन जमा कराया था, जबकि 'ख' पहले ही बैंक का देनदार (ऋणी) था। इस बात से कोई अंतर नहीं पड़ता कि उसके खाते में कितना धन शेष है। यदि 'ख' नामक व्यक्ति, जो अभी बैंक का ऋणी है, नियमित तौर पर अपने खाते में धन जमा करता रहता है तो कुछ समय बाद वह अपने घाटे की भरपाई कर लेगा और उसके खाते में अतिरिक्त धन जमा हो जाएगा। यह बहुत आसान है। बहरहाल, कर्म के बैंक के मामले में यह जानने का कोई उपाय नहीं है कि अतीत में आपके खाते में कितना ऋण और कितना धन था। यदि आप केवल सकारात्मक कर्म करते रहेंगे तो आपके अतीत का यथासंभव सारा उधार समाप्त हो जाएगा और आप अपने लिए एक सुखद भविष्य का निर्माण कर लेंगे।

> ***सच्चाई यह है कि 'क' नामक व्यक्ति ने अतीत में अपने बैंक खाते में धन जमा कराया था, जबकि 'ख' पहले ही बैंक का देनदार (ऋणी) था। इस बात से कोई अंतर नहीं पड़ता कि उसके खाते में कितना धन शेष है। यदि 'ख' नामक व्यक्ति, जो अभी बैंक का ऋणी है, नियमित तौर पर अपने खाते में धन जमा करता रहता है...***

कर्मों का बैंक

विवरणिका

खाता		**खाता**	
शेष	+ 5	शेष	−3
निकासी	−1	जमा	+1
	+4		−2

इसलिए बचत बढ़ाइए और घाटे को साफ कर दीजिए

आपको केवल यह सुनिश्चित करना है कि आपके संचित कर्मों के भंडार में वृद्धि होती रहे। आपके प्रत्येक विचार, इच्छा एवं कर्म की गणना होती है। जब आप अचानक अपने अतीत की नकारात्मकताओं के प्रभाव को नगण्य कर देते हैं, तब आपके जीवन में अच्छी चीजें होने लगती हैं। आपको अपने किसी संबंधी से कोई अप्रत्याशित विरासत मिल जाती है, आपके लाभ में वृद्धि होने लगती है या अतीत में आपने रहस्यमय ढंग से जो शेयर खरीदे थे, उनका मूल्य ऊपर उठने लग जाता है।

मुंबई में एक ईमानदार पुलिस अधिकारी को अप्रत्याशित तौर पर उसकी चाची से विरासत में शानदार स्थान पर सुंदर घर मिल जाता है। एक बैंक के क्लर्क को बोनस प्राप्त होता है, जिससे उसे अपनी बेटी की शादी करने में सहायता मिलती है। बैंगलोर में एक आदमी रिटायर होने के बाद घर खरीदने के लिए ऋण लेने की कोशिश कर रहा था। उसे अचानक पता चलता है कि उसने कुछ वर्ष पूर्व इन्फोसिस के जो शेयर खरीदे थे, उनकी कीमतें अब आसमान को छूने लगी हैं और यदि वह उन्हें बेच दे तो उसे घर खरीदने के लिए पर्याप्त धन प्राप्त हो जाएगा और उसे बैंक से ऋण लेने की आवश्यकता नहीं पड़ेगी। ये घटनाएँ कोई

संयोग मात्र नहीं हैं। कर्म का यही नियम है कि आपको वही प्राप्त होता है, जिसके आप योग्य होते हैं, न कि वह मिल सकता है, जिसकी आप इच्छा करेंगे—

उद्यमेण हि सिद्ध्यन्ति कार्याणि न मनोरथैः।
न हि सुप्तस्य सिंहस्य प्रविशन्ति मुखे मृगाः॥

कहने का तात्पर्य यह कि सभी कार्यों में परिश्रम करने से सफलता प्राप्त होती है, केवल मनोरथ (कल्पना, आशा) करने से नहीं। ठीक उसी प्रकार, जैसे किसी सोते हुए शेर के मुँह में हिरण स्वयमेव उसका भोजन बनने के लिए प्रवेश नहीं करता। इसी प्रतीक के अनुसार, जब आपके साथ कुछ बुरा हो तो आप अवसादित या विचलित न हों। आप इस बात को समझ लें कि आपने गलत बीज बोए थे। अब आपको कुल मिलाकर मात्र इतना करना है कि आप सकारात्मक विचारों के साथ अपनी स्थिति को सुधारें।

यद्यपि इस जीवन काल में आपके लिए अपने अतीत के कर्मों, विचारों एवं भावनाओं को जान पाना संभव नहीं है। आपको इस बात की कोई जानकारी नहीं है कि आपने प्राइमरी स्कूल में अपने दोस्त के साथ क्या किया था या दस वर्ष पूर्व आपने अपने किसी सहकर्मी को चोट पहुँचाई थी।

यद्यपि इस जीवन काल में आपके लिए अपने अतीत के कर्मों, विचारों एवं भावनाओं को जान पाना संभव नहीं है। आपको इस बात की कोई जानकारी नहीं है कि आपने प्राइमरी स्कूल में अपने दोस्त के साथ क्या किया था या दस वर्ष पूर्व आपने अपने किसी सहकर्मी को चोट पहुँचाई थी। पूर्व जन्म की स्मृतियाँ तो वैसे भी पूरी तरह मिट जाती हैं। वर्तमान में, आप केवल इतना सुनिश्चित करें कि आपके मन में आनेवाला प्रत्येक विचार, आपको महसूस होनेवाली प्रत्येक भावना और वर्तमान में किया

जानेवाला आपका प्रत्येक कर्म सकारात्मक हो।

परिस्थितियों में परिवर्तन तत्काल नहीं होगा, परंतु यह निश्चित है कि परिवर्तन होगा अवश्य। जीवन एक जादुई मोड़ लेता है। जीवन में व्याख्या न करने योग्य अनेक चीजें होती हैं। दुबई में काम करनेवाली एक नौकरानी (मेड) ने लॉटरी का एक टिकट खरीदा, जिससे उसे लाखों रुपए मिले। आयरिश परिवार के एक प्रवासी श्रमिक ने ऑस्ट्रेलिया में किए एक सौदे में सोना हासिल किया।

> ***परिस्थितियों में परिवर्तन तत्काल नहीं होगा, परंतु यह निश्चित है कि परिवर्तन होगा अवश्य। जीवन एक जादुई मोड़ लेता है। जीवन में व्याख्या न करने योग्य अनेक चीजें होती हैं। दुबई में काम करनेवाली एक नौकरानी (मेड) ने लॉटरी का एक टिकट खरीदा, जिससे उसे लाखों रुपए मिले।***

दूसरी ओर, ऐसे अनेक अरबपति हैं, जो अवसाद (डिप्रेशन) में चले जाते हैं। एक दंपती अपने अठारह वर्षीय पुत्र को सड़क दुर्घटना में खो देता है। एक महिला को अपने पेशे के स्वर्णिम काल में कैंसर हो जाता है। लोगों को अपने जीवन में अनहोनियों एवं होनियों के माध्यम से अनेक दस्तकें मिलती हैं, जिसके बारे में कोई ज्ञात कारण दिखाई नहीं पड़ता है। संभव है कि आप उन कारणों को खोज पाने में समर्थ न हों, परंतु इसका यह तात्पर्य कदापि नहीं है कि कोई कारण है ही नहीं। उसके लिए भाग्य को दोष देना अनुचित एवं खतरनाक है।

पल-प्रतिपल आप जिसका सामना करते हैं, वह आपके अतीत के विचारों, इच्छाओं एवं कर्मों का परिणामी है; लेकिन प्रत्येक व्यक्तिगत विचार परिणामी को प्रभावित एवं निर्धारित करनेवाला होता है। अतः विचार से प्रारंभ करें, अपनी भावनाओं का परीक्षण करें, अपने कर्मों को

देखें। आप इस बात पर ध्यान दें और देखें कि आप जो कार्य कर रहे हैं, वह आपके वांछित परिणाम से मेल खाता है या नहीं? क्या वे परिणाम आपको सफलता दिलाएँगे? क्या आप प्रसन्न होंगे? क्या आप अपनी उर्वरा एवं क्षमता तक विकसित होंगे? यदि नहीं, तो अपने उद्देश्य को बदल दीजिए। प्रभाव अवश्य होगा। वह प्रकाशित होने में समय ले सकता है। आपको उसके बारे में चिंतित होने की कोई आवश्यकता नहीं है।

कर्म का परिणाम

कार्य करते समय आपको दो शक्तियाँ प्रेरित करती हैं, आगे ले जाती हैं। उनमें से एक आपका भाग्य है। आपके अतीत का प्रभाव है, जो आपको किसी विशेष दिशा में धकेलता है। दूसरा है स्वतंत्र इच्छा, जिससे आप किसी अन्य दिशा में मुड़ सकते हैं। आप रोजाना चॉकलेट एवं आइसक्रीम खाते हैं, जिससे आपके दाँत में मिठास भर जाती है। आज आप चॉकलेट मत खाइए। परिणाम अब भी वही होगा, मानो आपने चॉकलेट खाई है। लेकिन आपने जो विकल्प चुना है, उसने आपके भाग्य को प्रभावित किया है। ऐसे विकल्पों की श्रृंखलाएँ आपको मीठा खाने से रोक देंगी!

कार्य करते समय आपको दो शक्तियाँ प्रेरित करती हैं, आगे ले जाती हैं। उनमें से एक आपका भाग्य है। आपके अतीत का प्रभाव है, जो आपको किसी विशेष दिशा में धकेलता है। दूसरा है स्वतंत्र इच्छा, जिससे आप किसी अन्य दिशा में मुड़ सकते हैं।

आप एक रुग्ण मानसिकतावाले व्यक्ति हो सकते हैं और क्रोध या आवेशकारी झल्लाहट के आगे आत्मसमर्पण कर देते हैं। आपको शांतिमयता, करुणा एवं समझदारी की दिशा में आज ही अभ्यास शुरू

करना होगा। संभव है कि आपने अभी जो विकल्प चुना है, उसके ऊपर भाग्य की जीत हो सकती है और आप अभी भी मिमियाते या चिल्लाते रह सकते हैं; लेकिन आप इस तथ्य से नहीं भाग सकते हैं कि आपने एक स्वतंत्र विकल्प चुना है। यह आपके भाग्य पर प्रभाव डालता है। क्रोध से दूरी बनाकर की जानेवाली कोशिशें अंततोगत्वा आपको एक सभ्य एवं सौम्य स्वभाववाला व्यक्ति बना देंगी।

इसलिए तात्कालिक परिणाम पाने की आशा मत कीजिए और यदि रूपांतरण शीघ्र नहीं होता है तो हतोत्साहित मत होइए। आप केवल सकारात्मक प्रयास करना जारी रखिए। आप अपने उत्तम विकल्पों की परिपूर्णता प्राप्त कीजिए, सफलता आपके कदम चूमेगी।

□

7

हमारे कर्मों को क्या प्रेरित करता है

✻

हमारे कर्मों, विचारों, शब्द या भावना के माध्यम से दो परिणाम सामने आते हैं, जिनमें से एक है—आपके मन पर पड़नेवाला तात्कालिक प्रभाव। आप अपने मन में कोई नकारात्मक विचार लाइए और आप उसी पल आर्थिक रूप से कंगाल हो जाएँगे, आप खुद को दयनीय महसूस करेंगे। अपने मन में कोई स्नेहिल व सुखद विचार लाइए और आप उसके द्वारा तत्काल समृद्ध हो जाएँगे। आप प्रसन्न महसूस करेंगे। इसे ही फल या कर्म का फल कहा जाता है। दूसरा है आपके भावी जीवन पर पड़नेवाला प्रभाव। यह आपके संस्कारों में जुड़ जाता है, जो आपके चरित्र, आपके परिष्कार या अपरिपक्वता पर अपनी छाप छोड़ता है। इसका परिणाम भविष्य में सामने आता है। इसे मिटाने के लिए अत्यधिक प्रयास एवं कठोर परिश्रम की आवश्यकता पड़ती है। इसलिए अपनी आधारिक सहज प्रवृत्तियों के अनुकूलन में सावधानी बरतिए। आपको अपने कर्मचारियों, पत्नी या बच्चों पर चिल्लाने में मजा आ सकता है; लेकिन आपके लिए इसका परिणाम झेल पाना अत्यंत कठिन होगा।

कर्म की शक्ति

कर्म की शक्ति जागरूकता के स्तर और उसका समर्थन करनेवाले ध्येय पर निर्भर करती है। जहाँ तनिक भी जागरूकता नहीं होती, वहाँ कोई प्रतिक्रिया भी नहीं होती। कोई तेंदुआ या शेर अपने शिकार पर धावा बोलता है और उसे मार डालता है। वह किन्हीं हत्यारी प्रवृत्तियों का पोषण नहीं करता है। इसी प्रकार, पैदल चलते समय आप अनजाने में ही किसी कीड़े को कुचल देते हैं। आपको इसकी भी कोई कीमत नहीं चुकानी पड़ती। जबकि कर्म करते समय यदि आप अनजाने में किसी को कोई क्षति पहुँचाते हैं तो इसका परिणाम यह होगा कि आपने उचित सावधानियों का पालन नहीं किया और यह भी कि आप गैर-जिम्मेदार थे।

> ***कर्म की शक्ति जागरूकता के स्तर और उसका समर्थन करनेवाले ध्येय पर निर्भर करती है। जहाँ तनिक भी जागरूकता नहीं होती, वहाँ कोई प्रतिक्रिया भी नहीं होती। कोई तेंदुआ या शेर अपने शिकार पर धावा बोलता है और उसे मार डालता है। वह किन्हीं हत्यारी प्रवृत्तियों का पोषण नहीं करता है।***

रामायण में महाराज दशरथ अपनी धनुर्विद्या का कौशल दिखाना चाहते थे। उन्होंने जल की ध्वनि की दिशा में यह सोचकर बाण चला दिया कि कोई पशु पानी पी रहा है। बाद में पता चला कि वह कोई पशु नहीं, बल्कि एक युवक था, जो अपने प्यासे, नेत्रहीन एवं वृद्ध माता-पिता के लिए नदी से जल लेने गया था। कथा के अनुसार, जब राजा दशरथ उन दोनों नेत्रहीन दंपती के पास पहुँचे और अपने अज्ञानतापूर्वक किए गए अपराध के विषय में उन्हें बताया तो युवक के नेत्रहीन माता-पिता ने उन्हें (दशरथ को) शाप दे दिया कि जैसे हम अपने पुत्र के शोक में अपने प्राण त्याग रहे हैं, उसी प्रकार तुम्हें

भी अपने पुत्र के वियोग में अपने प्राण गँवाने पड़ेंगे। काफी समय बाद दशरथ ने अपने सर्वाधिक प्रिय पुत्र राम के वियोग में प्राण त्यागे, क्योंकि उन्होंने राम को चौदह वर्ष का वनवास दे दिया था। तीर या गोली चलाने से पहले यह सुनिश्चित करना आपका दायित्व है कि आपका लक्ष्य कौन अथवा क्या है। जब आप कोई कार चला रहे हैं तो यह सुनिश्चित करना आपका कर्तव्य है कि आप किसी अन्य व्यक्ति को घायल नहीं करेंगे या उसकी जान नहीं लेंगे।

दूसरों को क्षति पहुँचाने के इरादे से जान-बूझकर किया गया स्वार्थी कृत्य कर्त्ता पर ब्याज समेत पलटकर प्रहार करता है। यह कोई सामान्य ब्याज या क्रेडिट कार्ड के भुगतान पर दिया जानेवाला ब्याज नहीं है, बल्कि ईश्वरीय ब्याज है, जो कमर तोड़नेवाला होता है। लोग इन बातों से पूर्णतया अनभिज्ञ होते हैं, लापरवाही से कड़वी बात बोलते हैं या वेधक शब्दों का प्रयोग करते हैं, दूसरे लोगों को आर्थिक हानि पहुँचाते हैं और उन्हें नष्ट कर देते हैं। उन्हें इस बात का तनिक भी ज्ञान नहीं होता है कि वे स्वयं अपने जीवन में कौन सा नरक घोल रहे हैं! यद्यपि जब उन्हें परिणामों का सामना करना पड़ता है तो वे किसी अन्य व्यक्ति, वस्तु या परिवेश को दोषी ठहराते हैं, बजाय इसके कि वे स्वीकार करें कि यह उनका निजी पूर्व कर्म है, जो आज उन्हें पकड़ रहा है। इस बिंदु पर कुल मिलाकर आपको यह समझना है कि यहाँ कर्म का नियम अपना स्वाभाविक कार्य कर रहा है।

दूसरों को क्षति पहुँचाने के इरादे से जान-बूझकर किया गया स्वार्थी कृत्य कर्त्ता पर ब्याज समेत पलटकर प्रहार करता है। यह कोई सामान्य ब्याज या क्रेडिट कार्ड के भुगतान पर दिया जानेवाला ब्याज नहीं है, बल्कि ईश्वरीय ब्याज है, जो कमर तोड़नेवाला होता है।

लोग एवं परिस्थितियाँ निरर्थक हैं। जो बात महत्त्वपूर्ण है, वह यह है कि नियम अपनी भूमिका निभा रहा है। अपने अंतर्मन में झाँकिए, कारण को खोजिए, अपनी प्रवृत्ति को परिवर्तित कीजिए, साहस के साथ स्थिति का सामना कीजिए, फिर देखिए, आपका भविष्य अच्छाई की दिशा में परिवर्तित हो जाएगा। अन्यथा आप उन्हीं समस्याओं को जीवन भर किसी-न-किसी रूप में बारंबार उत्पन्न होते देखेंगे। स्थिति में तब तक सुधार नहीं होगा, जब तक कि आप अपने निजी कर्म, प्रवृत्ति एवं विचार में परिवर्तन नहीं करेंगे।

लोग एवं परिस्थितियाँ निरर्थक हैं। जो बात महत्त्वपूर्ण है, वह यह है कि नियम अपनी भूमिका निभा रहा है। अपने अंतर्मन में झाँकिए, कारण को खोजिए, अपनी प्रवृत्ति को परिवर्तित कीजिए, साहस के साथ स्थिति का सामना कीजिए, फिर देखिए, आपका भविष्य अच्छाई की दिशा में परिवर्तित हो जाएगा।

सामान्यता से विशिष्टता की ओर

श्रीमद्‌भगवद्‌गीता निस्स्वार्थ कर्म के महत्त्व को रेखांकित करती है। 'कर्मयोग' के तीसरे अध्याय के दसवें श्लोक में श्रीकृष्ण नाटकीय ढंग से कहते हैं—

सहयज्ञाः प्रजाः सृष्ट्वा पुरोवाच प्रजापतिः।
अनेन प्रसविष्यध्वमेष वोऽस्त्विष्टकामधुक्॥

सृष्टि के प्रारंभ में समस्त प्राणियों के स्वामी (प्रजापति) ने विष्णु के लिए यज्ञ सहित मनुष्यों तथा देवताओं की संततियों को रचा और उनसे कहा, "तुम इस यज्ञ से सुखी रहो, क्योंकि इसके करने से तुम्हें सुखपूर्वक रहने तथा मुक्ति प्राप्त करने के लिए समस्त वांछित वस्तुएँ

प्राप्त हो सकेंगी। इसे अपने कर्मों की कामधेनु मानो।"

जब सृष्टि के रचयिता ने मनुष्यों की रचना की तो उन्होंने उन्हें यज्ञ का एक विशेष उपहार प्रदान किया। केवल मनुष्यों के पास यह विकल्प है कि वे निजी स्वार्थों को किनारे रखकर महान् उद्देश्यों हेतु कार्य कर सकें। यज्ञ किसी उत्तम उद्देश्य की प्राप्ति हेतु सेवा भावना के साथ कार्य करने का उत्कृष्ट सामर्थ्य है और इसका उच्चतम फल ज्ञानोदय है। यदि आप यज्ञ (कर्म) करेंगे तो ईश्वरीय गाय कामधेनु के पास इतनी शक्ति है कि वह आपकी इच्छाओं को पूर्ण करेगी, आपकी प्रत्येक इच्छित वस्तु प्रदान करेगी। परंतु यहाँ श्रीकृष्ण कहते हैं कि यज्ञ ही कामधेनु का स्वरूप धारण कर लेता है।

जीवन में कोई सरल मार्ग (शॉर्ट कट) नहीं है। इसमें कोई जादुई गोलियाँ नहीं हैं। उपलब्धियाँ एवं महानताएँ किसी महान् आदर्श की दिशा में किए गए हार्दिक रूप से सचेष्ट एवं समर्पित कार्य का परिणाम हैं। आपका आदर्श जितना अधिक ऊँचा होगा, आप उतना ही अधिक कठोर परिश्रम करेंगे और अधिकतम सौभाग्यशाली बन जाएँगे। यह कोई संयोग नहीं है।

जीवन में कोई सरल मार्ग (शॉर्ट कट) नहीं है। इसमें कोई जादुई गोलियाँ नहीं हैं। उपलब्धियाँ एवं महानताएँ किसी महान् आदर्श की दिशा में किए गए हार्दिक रूप से सचेष्ट एवं समर्पित कार्य का परिणाम हैं। आपका आदर्श जितना अधिक ऊँचा होगा, आप उतना ही अधिक कठोर परिश्रम करेंगे और अधिकतम सौभाग्यशाली बन जाएँगे। यह कोई संयोग नहीं है। यह एक ऐसा सत्य है, जिसकी पुष्टि आप अपने जीवन में स्वयं कर सकते हैं। जीवन का यह नियम है कि आप कुछ देंगे तो लाभ प्राप्त करेंगे और छीनेंगे तो अपनी हानि करेंगे।

लोग अधिक पाने (लोभ) के रोग से क्यों पीड़ित हैं? क्योंकि वे खुद को वंचित एवं अकुशल मानते हैं। यह एक मनोदशा है, जिसका आपकी अधिप्राप्तियों से कोई लेना-देना नहीं है। दुनिया में कोई अत्यंत धनी व्यक्ति भी खुद को वंचित महसूस कर सकता है। किसी झोंपड़ी में रहनेवाला व्यक्ति भी स्वयं को अमीर समझ सकता है। श्रीकृष्ण के बाल सखा सुदामा ने अपना सारा जीवन अभावों एवं निर्धनता में व्यतीत किया, फिर भी उनके मन में अधिक पाने की लालसा उत्पन्न नहीं हुई। उन्होंने हमेशा यही महसूस किया कि उनके पास पर्याप्त है। किसी समय दुनिया के सबसे अमीर व्यक्ति हॉवर्ड ह्यूजेस ने भी खुद को वंचित एवं दयनीय महसूस किया था।

लोग अधिक पाने (लोभ) के रोग से क्यों पीड़ित हैं? क्योंकि वे खुद को वंचित एवं अकुशल मानते हैं। यह एक मनोदशा है, जिसका आपकी अधिप्राप्तियों से कोई लेना-देना नहीं है। दुनिया में कोई अत्यंत धनी व्यक्ति भी खुद को वंचित महसूस कर सकता है। किसी झोंपड़ी में रहनेवाला व्यक्ति भी स्वयं को अमीर समझ सकता है।

मन की यह विचित्र प्रवृत्ति है कि वह सदैव उसी छोटी सी चीज की ओर अपना ध्यान केंद्रित करता है, जो आपके पास नहीं है और उसे लेकर आपको दयनीय बना देता है। बुद्धि के पास यह क्षमता है कि वह आपके पास उपलब्ध सारी चीजों को देख सके और उनका आनंद ले सके। मन एवं बुद्धि आपके आंतरिक व्यक्तित्व का निर्माण करते हैं। मन आपकी सोच, भावनाओं एवं व्यग्रताओं का केंद्र है। वह आपके अंदर एक अनुचित तत्त्व का द्योतक है। बुद्धि पृथक्करण, विश्लेषण एवं निर्णय का क्षेत्र है, आपके जीवन का उचित तत्त्व है।

जिस समय आपके ध्यान में यह बात आती है कि आपने अपने

जीवन में निःशुल्क (फ्री) ही बहुत कुछ प्रचुर मात्रा में प्राप्त कर लिया है तो आपके मन में कुछ देने, योगदान करने और अपने सौभाग्य को अन्य लोगों के साथ साझा करने की तीव्र इच्छा जाग्रत् होती है। आप किसी से कुछ छीनने के बजाय दान करने की स्थिति में आ जाते हैं।

प्रेम की शक्ति

आगामी उर्वर कर्म सभी जीवधारियों के प्रति स्नेहिल उदारता की भावना—सार्वभौमिक प्यार है। श्रीमद्भगवद्गीता किसी ईश्वर-भक्त को 35 गुणवत्ताएँ प्रदान करती है, जिसमें पहला गुण यह है कि व्यक्ति किसी से घृणा न करे। जिस व्यक्ति को आप देखते, जानते और उसके साथ वार्त्ता करते हैं, यदि आप उससे घृणा करते हैं तो किसी अज्ञात, अदृश्य ईश्वर के प्रति प्रेम दरशाने का कोई लाभ नहीं है। फिर भी, हम ऐसी दुनिया में रहते हैं, जहाँ मनुष्य लाखों व करोड़ों लोगों को दुनिया भर में अकल्पनीय कष्ट एवं पीड़ा पहुँचा रहा है। पशु अपने जन्म से लेकर वधशाला में निर्दयतापूर्वक काटे जाने तक अकथनीय पीड़ा झेलता है। ऐसी स्थिति में, आप किसी भी अंश तक शांति एवं सुख की आशा कैसे कर सकते हैं?

> ***आगामी उर्वर कर्म सभी जीवधारियों के प्रति स्नेहिल उदारता की भावना—सार्वभौमिक प्यार है। श्रीमद्भगवद्गीता किसी ईश्वर-भक्त को 35 गुणवत्ताएँ प्रदान करती है, जिसमें पहला गुण यह है कि व्यक्ति किसी से घृणा न करे।***

उस व्यक्ति से प्रारंभ कीजिए, जिससे आप सर्वाधिक घृणा करते हैं। आप उससे क्यों घृणा करते हैं? आप मानते हैं कि उस व्यक्ति में कोई कष्टप्रद गुण है, लेकिन उस व्यक्ति में अन्य अच्छे गुण भी

तो हैं। 'रामायण' में राम ने लक्ष्मण से कहा कि वह रावण के पास जाकर प्रशासनिक एवं अन्य राजकीय कर्तव्यों का ज्ञान प्राप्त करें। रावण एक राक्षस था और उसने अनेक बुरे कर्म किए थे। आपके अंदर भी नकारात्मकताएँ हैं। आपके पास अन्य लोगों की आलोचना एवं उनसे घृणा करने का क्या अधिकार है?

आपने अपने जीवन में बिना माँगे, बिना जाने और अस्वीकारणीय रूप से जो कुछ प्राप्त किया है, उस सबके प्रति कृतज्ञ बनें। आपको यह ज्ञात नहीं है कि आपको किसने आशीर्वाद दिया है, परंतु फिर भी आप जानते हैं कि आपको अगणित आशीर्वाद प्राप्त हुए हैं। आपको समस्त प्राणियों के प्रति सार्वभौमिक प्रेम की भावना का विकास करना होगा।

आपने अपने जीवन में बिना माँगे, बिना जाने और अस्वीकारणीय रूप से जो कुछ प्राप्त किया है, उस सबके प्रति कृतज्ञ बनें। आपको यह ज्ञात नहीं है कि आपको किसने आशीर्वाद दिया है, परंतु फिर भी आप जानते हैं कि आपको अगणित आशीर्वाद प्राप्त हुए हैं। आपको समस्त प्राणियों के प्रति सार्वभौमिक प्रेम की भावना का विकास करना होगा।

जगत् का अस्थायित्व

विश्व के अस्थायित्व की अंतर्दृष्टि सर्वविदित है। वह आपको उदासीन बनाता है और मुक्ति, बुद्धिमत्ता एवं आत्मज्ञान का मार्ग खोलता है। आत्मज्ञान की दिशा में किए गए कर्म अत्यंत उर्वर होते हैं। आत्मज्ञान की स्थिति में प्राकृतिक शक्तियाँ भी आपके सामने भिन्न रूप से नतमस्तक होती हैं।

प्रह्लाद एक नन्हा बालक था, जो भगवान् विष्णु का भक्त था। उसका पिता हिरण्यकशिपु राक्षसों का राजा था। वह अपनी आज्ञा न

मानने के कारण प्रह्लाद से क्रोधित था, इसलिए उसने उसकी हत्या करने की योजना बनाई। अग्नि उसे जला नहीं सकी। साँपों का विष भी उसके ऊपर निष्प्रभावी रहा और उन्मत्त हाथी उसे कुचल नहीं सका। अंत में प्रह्लाद की रक्षा नृसिंह ने की। वह भगवान् विष्णु का आधे सिंह एवं आधे मनुष्य का रूप था। नृसिंह के रूप में विष्णु ने हिरण्यकशिपु का वध कर दिया। उसके बाद प्रह्लाद राक्षसों का राजा बना और राक्षसों के जितने भी बुरे कर्म थे, वे सज्जनों के कर्म के रूप में रूपांतरित हो गए।

जब आप जगत् की क्षण-भंगुरता एवं अस्थायित्व से पूर्णरूपेण परिचित हो जाते हैं तो आप उसके प्रति सही मूल्य विकसित कर लेते हैं। सही मूल्य शून्य है। श्री रामकृष्ण परमहंस ने कहा था कि विश्व एवं प्रत्येक वस्तु का मूल्य एक शून्य है। आप सात शून्यों को एकत्रित कर लीजिए, उसका समग्र मूल्य अभी भी शून्य ही है। शून्यों से पहले 1 का अंक जोड़ दीजिए, उसका मूल्य कई गुना बढ़ जाएगा। वह संख्या एक करोड़ बन जाती है। शून्य में जोड़ा गया 1 का अंक आत्मा या आत्मन का प्रतीक है। यही आत्मा आपके अंदर परिवर्तन लाती है। आत्मा के बिना दुनिया आपको चाहे जितना भी दे, वह सब फीका एवं उबाऊ बन जाता है, ठीक उसी तरह जैसे कि दुनिया की सर्वोत्तम कार भी ईंधन के बिना कबाड़ बन

जब आप जगत् की क्षण-भंगुरता एवं अस्थायित्व से पूर्णरूपेण परिचित हो जाते हैं तो आप उसके प्रति सही मूल्य विकसित कर लेते हैं। सही मूल्य शून्य है। श्री रामकृष्ण परमहंस ने कहा था कि विश्व एवं प्रत्येक वस्तु का मूल्य एक शून्य है। आप सात शून्यों को एकत्रित कर लीजिए, उसका समग्र मूल्य अभी भी शून्य ही है। शून्यों से पहले 1 का अंक जोड़ दीजिए, उसका मूल्य कई गुना बढ़ जाएगा।

जाती है। जिस स्थान पर बिजली न हो, वहाँ कितना भी कीमती विद्युत् उपकरण हो, केवल कूड़ा बनकर रह जाता है। इसी प्रकार, अत्यंत शानदार जीवन भी उच्च वास्तविकताओं के विचार के बिना निरर्थक हो जाता है।

अंत में, विचार ही आपके कर्म को, उसके पीछे निहित इरादे को प्रभावित करता है। स्वतः कर्म स्वयं में कुछ नहीं है। पूर्ण समर्पण, गहरी निष्ठा एवं अतिशय जागरूकता सहित अपने हृदय एवं आत्मा से कर्म कीजिए, परिणाम चौंकानेवाला होगा।

□

भाग-3

जीवन का चक्र

8

पुनर्जन्म

मृत्यु के बाद क्या होता है और जन्म का क्या कारण है? यह ऐसा रहस्य है, जो मानव मन को व्यथित करता रहता है। पुनर्जन्म, अर्थात् दोबारा जन्म लेना है। पुनर्जन्म का सही अर्थ क्या है? इसका अर्थ यह है कि आप एक शरीर छोड़कर दूसरे शरीर में प्रवेश करते हैं। इसका एकमात्र उद्देश्य आत्म-विकास एवं आध्यात्मिक उन्नति है।

त्रासद रूप से हम जन्म-दर-जन्म अपनी इच्छाओं का भार बढ़ाते चले जाते हैं और उसके बाद ढलान की ओर प्रवृत्त हो जाते हैं। यह सिद्धांत भारतीय दर्शन का केंद्रीय तत्त्व है। पुनर्जन्म का तात्पर्य यह है कि व्यक्ति किसी नए शरीर में प्रवेश करने के बाद भी एक भिन्न परिवेश में मूलतः यथावत् बना रहता है।

प्राचीन भारतीय ऋषियों, आत्मज्ञान प्राप्त कर चुके पुरुषों एवं स्त्रियों, ने उपलब्ध आँकड़ों का विश्लेषण किया और एक अकाट्य, वैज्ञानिक निष्कर्ष पर पहुँचे। उन्होंने स्वीकार किया कि उनके निष्कर्षों को प्रमाणित नहीं किया जा सकता है, क्योंकि मृत्यु होने के बाद स्मृति का पूर्णतया लोप हो जाता है और आप एक कोरी स्लेट के रूप में जन्म लेते हैं। यह ईश्वर की ऐसी कृपा है, जो आपको अतीत की स्मृतियों से

भारित होने के बजाय पुनरारंभन हेतु प्रोत्साहित करती है। एक जीवन की समस्त समस्याओं को स्मरण कर पाना पर्याप्त बोझिल कार्य है। यदि हम अपने पूर्व जीवन की चुनौतियों को स्मरण भी कर लें तो क्या होगा? इसलिए, उन्होंने इसे पुनर्जन्म का सिद्धांत कहा, नियम नहीं। यह उनके निष्कर्षों की वैधता को परिवर्तित नहीं करता।

जिस प्रकार किसी विधिक न्यायालय में सभी निर्णय पूर्णतया परिस्थितिजन्य साक्ष्यों के आधार पर किए जाते हैं, प्राचीन भारतीय ऋषियों ने अपने निष्कर्षों को वैज्ञानिक तथ्यों पर आधारित किया। उन्होंने पाया कि ब्रह्मांड कारण एवं प्रभाव के आधार पर कार्य करता है। प्रत्येक कारण का एक प्रभाव होता है और प्रत्येक प्रभाव का कोई-न-कोई कारण अवश्य होता है।

जिस प्रकार किसी विधिक न्यायालय में सभी निर्णय पूर्णतया परिस्थितिजन्य साक्ष्यों के आधार पर किए जाते हैं, प्राचीन भारतीय ऋषियों ने अपने निष्कर्षों को वैज्ञानिक तथ्यों पर आधारित किया। उन्होंने पाया कि ब्रह्मांड कारण एवं प्रभाव के आधार पर कार्य करता है। प्रत्येक कारण का एक प्रभाव होता है और प्रत्येक प्रभाव का कोई-न-कोई कारण अवश्य होता है। उनके निष्कर्षों का आधार ऊष्मा गतिकी के प्रथम नियम के समान है, जो कहता है कि न तो ऊर्जा का सृजन किया जा सकता है और न ही उसे नष्ट किया जा सकता है। उसे केवल एक रूप से दूसरे रूप में रूपांतरित किया जा सकता है।

उन्होंने मृत्यु के समय ऊर्जा, इच्छाओं, स्वप्नों एवं लक्ष्यों में हुए आकस्मिक क्षय का परीक्षण किया और जन्म के समय शिशु के विशेष गुणों, गुणवत्ताओं तथा इच्छाओं से उसे जोड़ दिया। दूसरे शब्दों में, मृत्यु के समय प्रत्येक व्यक्ति के अंदर अप्रत्यक्ष इच्छाएँ एवं विचार होते हैं,

जो नष्ट होकर शून्य में परिवर्तित हो जाते हैं। ये ऐसे कारण हैं, जिनका कोई ज्ञात प्रभाव नहीं है। दूसरी ओर, प्रत्येक शिशु पसंदगी एवं नापसंदगी जैसे विशेष गुणों के साथ जन्म लेता है। ये भी प्रभाव हैं, परंतु इनका कोई ज्ञात कारण नहीं है। उन्होंने कुल मिलाकर, यह किया कि मृत्यु के समय के अज्ञात प्रभावों और जन्म के समय के अज्ञात कारणों को जोड़ दिया। उसके बाद इस जटिल पहेली के टुकड़े अपने स्थान पर आ गए।

आधुनिक मनोचिकित्सा विज्ञान ने पुनर्जन्म के सिद्धांत को अपने अंदर स्थान दिया और कुछ मनोरोग चिकित्सकों ने पूर्व जन्म के परावर्तन को उन मनोरोग संबंधी जटिलताओं को हल करने के लिए उपयोग किया, जो उनके मरीजों की नाक में दम किए हुए थीं। हिंदू, बौद्ध, जैन एवं सिख जैसे बड़े धर्मों में पुनर्जन्म में विश्वास एक केंद्रीय तत्त्व है। यहूदी धर्म में गुप्त रूप से पुनर्जन्म की संकल्पना को गिलगुल के रूप में जाना जाता है।

आधुनिक मनोचिकित्सा विज्ञान ने पुनर्जन्म के सिद्धांत को अपने अंदर स्थान दिया और कुछ मनोरोग चिकित्सकों ने पूर्व जन्म के परावर्तन को उन मनोरोग संबंधी जटिलताओं को हल करने के लिए उपयोग किया, जो उनके मरीजों की नाक में दम किए हुए थीं। हिंदू, बौद्ध, जैन एवं सिख जैसे बड़े धर्मों में पुनर्जन्म में विश्वास एक केंद्रीय तत्त्व है।

धर्म एवं सार्वजनिक जीवन (2009 सर्वेक्षण) पर पादरी मंच द्वारा जारी किए गए आँकड़ों के अनुसार, न केवल एक-चौथाई लोग पुनर्जन्म के सिद्धांत में विश्वास करते हैं, बल्कि 24 प्रतिशत अमेरिकी ईसाइयों ने भी पुनर्जन्म में अपनी आस्था प्रकट की है।

'नॉर्डिक साइकोलॉजी' नामक पत्रिका में प्रकाशित एक लेख में कहा गया है कि पश्चिमी यूरोप की मिश्रित पंद्रह शताब्दियों में मृत्यु

के बाद जीवन में विश्वास करनेवालों की प्रतिशतता 59 प्रतिशत थी। स्विट्जरलैंड में पुनर्जन्म में विश्वास करनेवालों की संख्या सर्वाधिक 36 प्रतिशत है।

यह समझने के लिए कि मृत्यु के बाद क्या होता है, आइए, इस तथ्य पर एक दृष्टि डालें कि हमारे जीवन के दौरान क्या होता है। पल-प्रतिपल, अनुभव-दर-अनुभव आप अपनी इच्छा द्वारा संचालित होकर आगे बढ़ते हैं। आप प्रातःकाल अपने घर से बाहर क्यों निकलते हैं? क्योंकि स्कूल, कार्य-स्थल, शॉपिंग मॉल या अस्पताल जाने की इच्छा आपको घर से बाहर निकलने के लिए प्रेरित करती है अथवा विवश करती है। उसके बाद आप कहाँ जाते हैं? जहाँ कहीं भी आपकी अगली पूर्व-निर्धारित इच्छा आपको ले जाती है। प्रातःकाल सोकर उठने के बाद और रात में सोने के लिए बिस्तर पर जाने से पूर्व तक आप अपनी इच्छा द्वारा प्रेरित होकर विचरण करते हैं। इच्छा ही वह ईंधन है, जो आपके जीवन की गति को आगे बढ़ाता है।

> ***यह समझने के लिए कि मृत्यु के बाद क्या होता है, आइए, इस तथ्य पर एक दृष्टि डालें कि हमारे जीवन के दौरान क्या होता है। पल-प्रतिपल, अनुभव-दर-अनुभव आप अपनी इच्छा द्वारा संचालित होकर आगे बढ़ते हैं। आप प्रातःकाल अपने घर से बाहर क्यों निकलते हैं?***

आप मॉल (एकीकृत बाजार) में अपनी इच्छित वस्तुएँ खरीदने के लिए एक सूची लेकर जाते हैं। बाजार में आप जूतों की दुकान पर जाते हैं, क्योंकि आप जूते खरीदना चाहते हैं। आप उस दुकान में तब तक बने रहते हैं, जब तक कि अपनी पसंद के जूते खरीदने की इच्छा पूर्ण नहीं हो जाती है। उसके बाद आप अपनी इच्छा सूची में लिखित अगली वस्तु—परफ्यूम (इत्र) खरीदते हैं। उसके बाद आप कपड़ों की दुकान पर जाते

हैं और जब तक आप अपनी सूची में लिखित सारी इच्छित वस्तुएँ नहीं खरीद लेते है, तब तक एक दुकान से दूसरी और फिर तीसरी या चौथी दुकान पर भटकते रहते हैं।

इसी प्रकार, आप जीवन के बाजार में प्रवेश करते हैं, क्योंकि आपके पास इच्छाओं का ईंधन है। अपने जीवनकाल में आप अनुभव-दर-अनुभव, एक स्थान से दूसरे स्थान, तक अपनी इच्छाओं द्वारा संचालित होकर विचरण करते रहते हैं। पहले-पहल आप शॉपिंग मॉल में केवल कुछ जूतों की खरीद, परफ्यूम और कपड़े खरीदने की इच्छाओं के साथ प्रवेश करते हैं। आपकी अन्य इच्छाएँ कुछ समय के लिए प्रसुप्त (दबी) बनी रहती हैं। उन इच्छाओं की संख्या बहुत बड़ी होती है और वे आपके जीवन में भिन्न-भिन्न समय पर सतह पर उभरती हैं। इसी प्रकार, आप अपने इस जीवन में इच्छाओं की छोटी सी गठरी के साथ जन्म लेते हैं, जो प्रबल हैं और अपनी पूर्ति हेतु आप पर दबाव बनाती रहती हैं। इन्हें 'प्रारब्ध वासनाएँ' कहते हैं, जो इसी जीवन काल में अनुभव करने हेतु परिपक्व हो चुकी होती हैं।

आप जीवन के बाजार में प्रवेश करते हैं, क्योंकि आपके पास इच्छाओं का ईंधन है। अपने जीवनकाल में आप अनुभव-दर-अनुभव, एक स्थान से दूसरे स्थान, तक अपनी इच्छाओं द्वारा संचालित होकर विचरण करते रहते हैं। पहले-पहल आप शॉपिंग मॉल में केवल कुछ जूतों की खरीद, परफ्यूम और कपड़े खरीदने की इच्छाओं के साथ प्रवेश करते हैं।

अपने जीवन काल में जिस एक चीज के लिए आप आश्वस्त हैं, वह यह है कि आपकी प्रारब्ध वासनाएँ पूर्ण अवश्य होंगी, इसके बावजूद कि आप कुछ करते हैं या नहीं। आपके मन में समाहित समग्र

इच्छाओं की कुल संख्या को 'संचित वासनाएँ' कहते हैं। इनमें से प्रारब्ध वासनाओं की संख्या बहुत थोड़ी होती है। अन्य सभी जीवधारी अपनी प्रारब्ध वासनाओं को जीते हैं; परंतु उनके पास संचित वासनाओं, समस्त इच्छाओं तक कोई पहुँच नहीं है। केवल मनुष्य नामक प्राणी को ही अपनी संचित वासनाओं पर दस्तक देने का गौरव प्राप्त है। आप उनमें कुछ वासनाएँ जोड़ सकते हैं, उनमें से कुछेक घटा भी सकते हैं, उनका उन्नयन या अवनयन कर सकते हैं। इसके माध्यम से आप अपने जीवन को बदल सकते हैं। यहाँ तक कि आप उन्हें समूल नष्ट भी कर सकते हैं और ज्ञानोदय की उन्नत अवस्था में भी पहुँच सकते हैं!

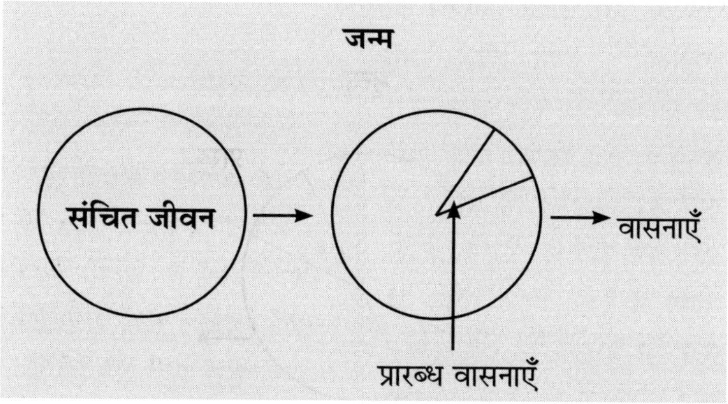

मृत्यु कब और क्यों होती है? वासनाओं, मन एवं बुद्धि के एक शरीर से दूसरे शरीर में संचलन का नाम मृत्यु है। मृत्यु के समय शरीर वहीं पड़ा रहता है। आत्मा, अर्थात् ईश्वरीय तत्त्व भी वहीं उपस्थित रहता है, क्योंकि वह सर्वव्यापी है और वह हिल-डुल नहीं सकता है। जो चीज लुप्त हो जाती है, वे आपकी वासनाएँ हैं, जो आपके व्यक्तित्व, मन एवं बुद्धि की छाप या दार्शनिक संहिता है, जो एक साथ मिलकर आपके आंतरिक व्यक्तित्व का निर्माण करती हैं। उनमें विचलन क्यों होता है?

आपके वर्तमान जीवन का निर्धारण करनेवाली प्रारब्ध वासनाओं का कोष जब एक बार भर जाता है, तब तीव्र वासनाओं या इच्छाओं का अगला समूह अपनी अभिव्यक्ति हेतु छटपटाने लगता है और अपना कार्य करने लगता है। ये वासनाएँ पिछली वासनाओं से सामान्यतया भिन्न होती हैं। इसलिए इन इच्छाओं और वर्तमान शरीर एवं परिवेश के साथ एक अलगाव हो जाता है। प्रारब्ध वासनाओं के अगले समूह के परिपूर्णन की कोई आशा नहीं होती है। उनमें परिवर्तन की चीख-पुकार होने लगती है। प्रकृति आपको अगले शरीर में प्रवेश करने का अवसर देती है और ऐसी परिस्थिति उत्पन्न करती है, जो आपकी प्रारब्ध वासनाओं के पूर्ण होने के लिए अत्यंत अनुकूल होती है।

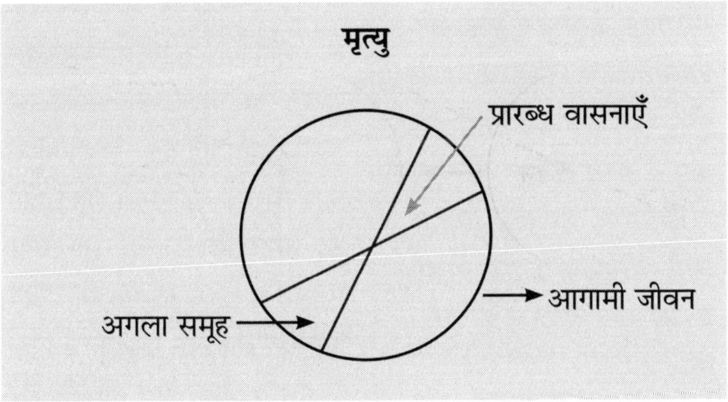

जीवन के दौरान प्रकृति द्वारा उपलब्ध कराई गई स्वत: व्यवस्था यह है कि आपकी प्रारब्ध वासनाएँ पूर्ण होनी प्रारंभ हो जाएँगी। जब तक ये वासनाएँ पूरी तरह समाप्त नहीं हो जाएँगी, तब तक मृत्यु नहीं हो सकती। एक बार प्रारब्ध वासनाओं के समाप्त हो जाने के बाद मृत्यु हो जाएगी। उसे आने से कोई नहीं रोक सकता। इसे इस प्रकार समझिए कि किसी कार दुर्घटना में केवल एक व्यक्ति की मृत्यु होती है, जबकि

अन्य लोग मामूली खरोंचों या छोटे-मोटे घावों के साथ जीवित बच जाते हैं। दूसरी ओर, केंटुकी में हुई एक विमान दुर्घटना में एक छोटा बच्चा चमत्कारिक रूप से जीवित बच गया था, जबकि विमान में सवार अन्य सभी यात्री मारे गए थे।

यह प्रक्रिया तब तक जारी रहती है, जब तक कि आपके पास इच्छाओं का ईंधन है। हम इच्छा द्वारा संवाहित जन्म एवं मृत्यु की आवर्तिता में असहाय होकर फँसे रहते हैं। जब आप अपनी सभी संचित वासनाओं को समाप्त कर लेंगे, केवल तभी परिवर्तन के इस निर्बाध व असहाय चक्र से मुक्ति मिलेगी। बार-बार जीवन एवं मृत्यु की परिधि का चक्कर लगवानेवाली इच्छाओं से कोई विरला व्यक्ति ही मुक्त होने का उपाय जानता है। अधिकतर मनुष्यों के पास जीवन को देखने का एक संकुचित दृष्टिकोण होता है और वे जीवन एवं मृत्यु के इस चक्र में गेंद की तरह उछाले जाते रहने से संतुष्ट होते हैं। जैसे कि आदि शंकराचार्य जीवन के बारे में अपनी मूल रचना 'भज गोविंदम्' में कहते हैं—

यह प्रक्रिया तब तक जारी रहती है, जब तक कि आपके पास इच्छाओं का ईंधन है। हम इच्छा द्वारा संवाहित जन्म एवं मृत्यु की आवर्तिता में असहाय होकर फँसे रहते हैं। जब आप अपनी सभी संचित वासनाओं को समाप्त कर लेंगे, केवल तभी परिवर्तन के इस निर्बाध व असहाय चक्र से मुक्ति मिलेगी।

पुनरपि जननं पुनरपि मरणम्
पुनरपि जननी जठरे शयनम्।
इह संसारे बहुदुस्तारे
कृपयापारे पाहि मुरारे।

जन्म, मृत्यु एवं माता के गर्भ में बार-बार सोने का यह चक्र संसार में बड़ा दुरूह है और इससे पार पाना कठिन है। हे मुरारी (कृष्ण)! कृपया आप मेरी रक्षा कीजिए।

प्रत्येक धर्म में स्वर्ग एवं नरक की संकल्पना की चर्चा होती है। पुनर्जन्म के सिद्धांत में यह कैसे उचित लगता है? ऐसा कहा जाता है कि दोबारा जन्म मृत्यु के तत्काल बाद ही नहीं होता है। अंतरात्मा कुछ समय तक स्वप्नों एवं सघन निद्रा का अनुभव करती है, ठीक उसी तरह, जैसा कि हम अपने जीवन के दौरान करते हैं।

आपको किस प्रकार के सपने दिखाई पड़ेंगे? यदि आपने इच्छाओं से प्रेरित होकर बुरे कर्म करते हुए एक स्वार्थी एवं नकारात्मक जीवन व्यतीत किया है तो आपको दुःस्वप्नों से होकर गुजरना होगा। यदि आपने उत्तम, निस्स्वार्थ कर्म किए हैं तो आपको सुख देनेवाले एवं प्रसन्न करनेवाले सपने दिखाई देंगे और आपको ऐसा आभास होगा, मानो आप स्वर्ग में हैं। इसके बाद आप एक नए शरीर में जन्म लेंगे।

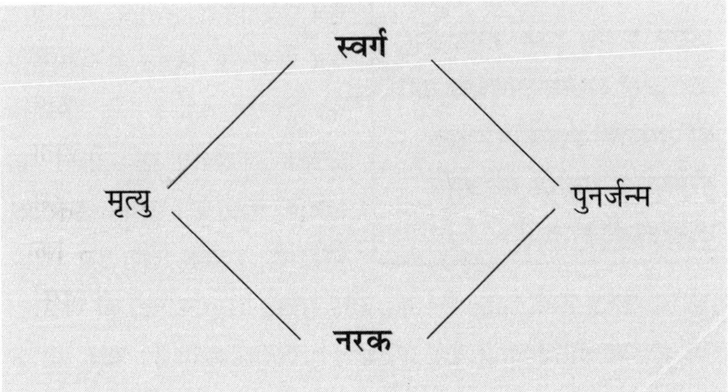

जबकि प्रत्येक जीवन में आपके पास अपनी वासनाओं को घटाने अथवा उन्हें मिटाने का विकल्प होता है और ब्रह्मांड अपनी रचना के

अनुसार इस प्रक्रिया में आपकी सहायता करने हेतु आपके दाएँ हाथ खड़ा है, आप अपनी वासनाओं में से कुछ को घटा दीजिए और उनमें कुछ अन्य वासनाएँ जोड़ दीजिए। इस प्रकार, आपकी वासनाओं की संख्या में उन वासनाओं की अपेक्षा अधिक वृद्धि हो जाएगी, जिनके साथ आपने जन्म लिया था। इस प्रकार, आप इस नश्वर व दुःखमय संसार में अपने आप को कोसते हुए अनेक जीवन व्यतीत करते हैं। ऐसे लोग अत्यंत दुर्लभ हैं, जिनके पास इन दुःखद परिवर्तनों से मुक्ति पाने की दृष्टि होती है। वे भिन्न मार्ग अपनाते हैं। ऐसे लोग वे होते हैं, जिन्होंने अपने जीवन में अपने उद्देश्य एवं लक्ष्य को पूर्ण करने में सफलता प्राप्त की है।

भगवद्गीता जन्म की पीड़ा एवं परेशानियों, उन्नति, रोग, क्षय एवं मृत्यु के विषय में अंतर्दृष्टि का उपदेश देती है। ये परिवर्तन प्रत्येक जीवधारी के जीवन का निर्माण करते हैं। प्रत्येक स्तर पर पीड़ा है। प्रत्येक शिशु इस संसार में क्रंदन करता हुआ आता है। यह कोई सुखद अनुभव नहीं हो सकता। इसके पश्चात् होनेवाला प्रत्येक परिवर्तन दुःखदायी होता है। बच्चा पेट के बल लेटकर आगे बढ़ने की कोशिश करता है, रेंगता है, बैठता है, खड़ा होता है और पैदल चलता है इत्यादि।

भगवद्गीता जन्म की पीड़ा एवं परेशानियों, उन्नति, रोग, क्षय एवं मृत्यु के विषय में अंतर्दृष्टि का उपदेश देती है। ये परिवर्तन प्रत्येक जीवधारी के जीवन का निर्माण करते हैं। प्रत्येक स्तर पर पीड़ा है। प्रत्येक शिशु इस संसार में क्रंदन करता हुआ आता है। यह कोई सुखद अनुभव नहीं हो सकता। इसके पश्चात् होनेवाला प्रत्येक परिवर्तन दुःखदायी होता है।

जीवन का प्रत्येक स्तर अपने हिस्से का प्रयास, निराशा एवं तनाव लेकर आता है। विद्यालय का पहला दिन तनावपूर्ण होता है। किशोरावस्था

अपने साथ जो परिवर्तन लेकर आती है, वह दमनीय होता है। वयस्क जीवन की पीड़ा एवं क्रोध का अपना अंश होता है। जब तक आप कुछ समझ पाते हैं, यौवन व्यतीत हो जाता है और आपका जीवन केवल ढलान की ओर अग्रसर होने लगता है। वृद्धावस्था अपने साथ रोग, एकाकीपन एवं तिरस्कृत होने की भावना लेकर आती है। इसे देखते हुए बुद्धिमान लोग जीवन एवं मृत्यु के चक्र से निकलने हेतु मोक्ष या स्वतंत्रता प्राप्त करने का प्रयास करते हैं। मोक्ष ऐसी स्थिति है, जिसमें जीवन के उतार-चढ़ाव का कोई अस्तित्व नहीं होता।

□

9

वापस न लौटने का मार्ग

राजा उत्तानपाद की सुरुचि एवं सुनीति नामक दो रानियाँ थीं। एक दिन जब सुनीति का पुत्र ध्रुव अपने पिता की गोद में बैठा था, ईर्ष्यालु सुरुचि ने उसे वहाँ से हटा दिया और उसके स्थान पर अपने पुत्र को राजा की गोद में बैठा दिया। भग्न-हृदय ध्रुव रोता हुआ अपनी माँ के पास गया और उस घटना का सारा वृत्तांत सुना दिया। सुनीति अत्यंत बुद्धिमान थी। उसने ध्रुव को सौतेली माता के बारे में कुछ नहीं बताया। इसके बजाय उसने ध्रुव से कहा, "जीवन अच्छाई एवं बुराई का सम्मिश्रण है। किसी समय सुखद घटनाएँ होती हैं और अन्य समय में दुःख आक्रमण करता है।" ध्रुव ने अपनी माँ से पूछा, "मुझे कवल खुशियाँ कहाँ मिल सकती हैं?" उसकी माँ ने कहा, "तुम्हें असली सुख तभी मिलेगा, जब तुम ईश्वर के पास पहुँच जाओगे और वहाँ तुम्हें कभी कोई दुःख नहीं होगा।" इसके बाद उसने पूछा, "ईश्वर कहाँ है?" उसकी माँ ने उसे बताया कि ईश्वर तुम्हारे अंदर है। वह प्रत्येक व्यक्ति के हृदय में निवास करता है।

पाँच वर्षीय नन्हा ध्रुव ईश्वर की खोज में निकल पड़ा। जिस समय वह सघन तपस्या में लीन था, भगवान् विष्णु उसकी तपस्या से अत्यंत प्रसन्न हुए और उसके समक्ष प्रकट होकर बोले, "ध्रुव, तुम मुझे खोज

रहे थे। लो, मैं आ गया हूँ। अपनी आँखें खोलो!" ध्रुव ने अपनी आँखें खोलने से इनकार कर दिया और बोला, "मेरी माँ ने मुझे बताया था कि आप मेरे हृदय के अंदर हैं। यदि आप ईश्वर हैं तो मुझे मेरे मन के अंदर मिलिए। ईश्वर द्वारा ली जानेवाली वह ध्रुव की अंतिम परीक्षा थी और अचानक उसने ईश्वर को महसूस किया। तब से लेकर आज तक ध्रुव तारे का नामकरण 'ध्रुव' के नाम पर कर दिया गया है। ध्रुव का अर्थ है—अक्षुण्ण, अविचल, स्थिर।

जब आप जगत् द्वारा खुशियों पर लगाए गए अतिशय प्रतिबंधों को समझने लगते हैं, आप अपने ज्ञान के अनुसार अपने जीवन से संतुष्ट नहीं रह पाते हैं। आप कुछ आगे की ओर देखते हैं। यही वह बिंदु है, जहाँ से आपकी आध्यात्मिक यात्रा प्रारंभ होती है।

सिद्धार्थ गौतम का जन्म एक संपन्न राजपरिवार में हुआ था। उनके जन्म के समय भविष्यवाणी की गई थी कि वे या तो महान् शासक बनेंगे अथवा आध्यात्मिक गुरु। उनके पिता ने उन्हें विश्व में उपलब्ध सर्वोत्तम वस्तुएँ प्रदान कीं और प्रयास किया कि वह कभी भी जीवन के दुःखद पक्ष को न देखें।

सिद्धार्थ गौतम का जन्म एक संपन्न राजपरिवार में हुआ था। उनके जन्म के समय भविष्यवाणी की गई थी कि वे या तो महान् शासक बनेंगे अथवा आध्यात्मिक गुरु। उनके पिता ने उन्हें विश्व में उपलब्ध सर्वोत्तम वस्तुएँ प्रदान कीं और प्रयास किया कि वह कभी भी जीवन के दुःखद पक्ष को न देखें। उन्होंने उनके चारों ओर किसी व्यक्ति की कल्पना में सुलभ खुशियों का अंबार लगा दिया। सिद्धार्थ की एक अत्यंत रूपवती पत्नी एवं प्रिय पुत्र था।

उनतीस वर्ष की उम्र में अचानक एक दिन उनका सामना अस्थायित्व एवं दुःखद स्थितियों से हुआ। उन्होंने सबसे पहले एक रोगी व्यक्ति को,

उसके बाद एक बूढ़े व्यक्ति तथा एक अरथी और अंत में एक संन्यासी को देखा। उन्होंने महसूस किया कि जिस पूर्णता को वह बाहर खोजने का प्रयास कर रहे थे, वह उनके अंदर ही विद्यमान थी और उसे उन्हें खोजना होगा। इसके पश्चात् उनकी आध्यात्मिक खोज प्रारंभ हुई, जिसका अंत बुद्ध के रूप में उनके रूपांतरण के साथ हुआ। बुद्ध का शाब्दिक अर्थ है—'जाग्रत् होना'। भारत ऐसे अगणित लोगों का निवास-स्थान रहा है, जिन्होंने अपनी खोज की दिशा बदली और ज्ञानोदय की अवस्था तक पहुँच गए। इसके बाद उन्होंने अज्ञानी जनता का पथ-प्रदर्शन किया और उसे उसका अनुसरण करने हेतु प्रेरित किया।

'एक प्राचीन नाविक' नामक अपनी कविता में सैमुएल कॉलरिज एक नाविक के अनुभवों को याद करते हैं, जो लंबी समुद्री यात्रा के बाद वापस लौटा था। नाविक किसी विवाह समारोह में जा रहे तीन लोगों में से एक को रास्ते में रोकता है और उसे अपनी कहानी सुनाना शुरू करता है।

'एक प्राचीन नाविक' नामक अपनी कविता में सैमुएल कॉलरिज एक नाविक के अनुभवों को याद करते हैं, जो लंबी समुद्री यात्रा के बाद वापस लौटा था। नाविक किसी विवाह समारोह में जा रहे तीन लोगों में से एक को रास्ते में रोकता है और उसे अपनी कहानी सुनाना शुरू करता है। जैसे-जैसे नाविक की कहानी आगे बढ़ती है, विवाह समारोह में जा रहे अतिथि की प्रतिक्रियाएँ भ्रम से अधीरता और भय से आकर्षण में परिवर्तित हो जाती हैं। अंततोगत्वा वह विवाह समारोह से विमुख होकर नाविक के पीछे-पीछे चल पड़ता है।

नाविक एक ऐसे जाग्रत् व्यक्ति का प्रतिनिधित्व कर रहा था, जो अभी-अभी जीवन की लंबी यात्रा करके लौटा था और वह अपने ज्ञान को अन्य लोगों तक पहुँचाने का इच्छुक था। विवाह समारोह के तीनों

अतिथि तीन प्रकार के लोग थे—सात्त्विक, राजसिक एवं तामसिक—शुद्ध, कामुक एवं उदासीन। हम सबके पास एक सांसारिक कार्य-सूची होती है—कोई ऐसी चीज, जो हमें दुनिया से जुड़े रहने में व्यस्त रखती है। कोई प्रबुद्ध गुरु आपको सात्त्विक भावना से जोड़ता है और अपना प्रवचन प्रारंभ करता है। अन्य दोनों उसके क्षेत्र से बाहर जा चुके हैं। प्रारंभ में आप थोड़ा भ्रमित एवं चिड़चिड़े हो जाते हैं, क्योंकि आपकी सांसारिक योजना में विघ्न पड़ गया है; लेकिन उसके बाद आप गुरु में कोई ऐसी चीज पाते हैं और उसकी आँखों की चमक आपको आनंदित करने लगती है। आप इच्छापूर्वक उसकी बातें सुनते हैं और आध्यात्मिक मार्ग का अनुसरण करने हेतु पदार्थिक चीजों से विमुख हो जाते हैं। इसे ही कॉलरिज द्वारा कविता में बड़े सुदर ढंग से प्रस्तुत किया गया है—

है वह एक पुराना नाविक,
रोका उसने तीन में से एक।
'अपनी लंबी सफेद दाढ़ी एवं चमकीली आँखों के साथ,
अब आप मुझे यहाँ किसलिए रोक रहे हैं?'...

वह अपनी चमकती आँखों के साथ उसे पकड़ लेता है—
वैवाहिक अतिथि स्थिर होकर खड़ा हो जाता है,

और किसी तीन वर्षीय बच्चे की भाँति उसकी बातें सुनता है—
नाविक की इच्छा पूर्ण हो जाती है

वैवाहिक अतिथि एक पत्थर पर बैठ जाता है—
उसके पास सुनने के अतिरिक्त कोई विकल्प नहीं है;
और इस प्रकार वह बूढ़ा नाविक अपनी बातें कहता रहा
चमकीली आँखोंवाला नाविक।

जीवन आपके समक्ष दो मार्गों का विकल्प प्रस्तुत करता है—लौटने का मार्ग और न लौटने का मार्ग। जो लोग इच्छाओं के वशीभूत होकर केवल इच्छा-प्रेरित कर्म करते हैं, उन्हें लौटना पड़ता है; क्योंकि उनकी इच्छाएँ अभी अतृप्त रह गई हैं और उनके समाप्त होने की आवश्यकता है। जिस व्यक्ति ने नकारात्मक, स्वार्थी कर्म किए हैं, वह अपने लिए नकारात्मक इच्छाओं को जन्म देता है, जिसका परिणाम दोबारा जन्म लेने से पूर्व उसे नरक में ले जाता है। यहाँ तक कि वह अपने इसी जीवन काल में तनाव, आघात एवं दुःख के रूप में नारकीय यातनाएँ झेलता है। जिस व्यक्ति की इच्छाएँ सकारात्मक होती हैं और वह समर्पित एवं निस्स्वार्थ कर्म करता है, वह स्वर्ग में जाता है और उसे पृथ्वी से कई गुना अधिक खुशियाँ मिलती हैं, परंतु इच्छाओं के कारण उसे वापस लौटना पड़ता है। यद्यपि जब तक वह जीवित रहता है, उसका जीवन आमोद-प्रमोद, संतोष एवं खुशियों से परिपूर्ण होता है।

वापसी का मार्ग

नरक

इच्छा-आधारित नकारात्मक कर्म

स्वर्ग

इच्छा-आधारित सकारात्मक कर्म

जो लोग जगत् की निस्सारता एवं उसके द्वारा थोपे गए भार को समझते हैं, उनके पास उसके आगे देखने की दृष्टि होती है। वे समझते हैं कि यह इच्छा ही है, जो उन्हें सीमित एवं अविकसित रखती है। वे मोक्ष या मुक्ति का चयन करते हैं और इच्छाओं के दुश्चक्र को समझते हुए

उनसे बाहर निकल आने का विकल्प चुनते हैं। वे ज्ञानोदय प्राप्त करने की दिशा में निस्स्वार्थ कर्म करते हैं। वे इच्छाओं के विनाश हेतु लक्षित आध्यात्मिक मार्ग का अनुसरण करते हैं।

यद्यपि अध्यात्म के मार्ग पर चलने को उद्यत कुछ स्वप्नदर्शी लोग, यदि उनकी बुद्धि सावधान एवं सतर्क नहीं रहती है तो, इच्छाओं के भँवर-जाल में पुनः फिसल जाते हैं। वे जगत् की महान् सेवा करते हैं, परंतु इच्छा-प्रेरित कर्म में अलग-थलग पड़ जाते हैं। यद्यपि उनका उद्‌देश्य उत्कृष्ट होता है, फिर भी उनकी यह फिसलन ज्ञानोदय के मार्ग में उनकी प्रगति को विलंबित कर देती है। मृत्यु के बाद ऐसे लोगों को श्रेष्ठतम स्वर्ग ब्रह्मलोक में ले जाया जाता है, जहाँ उन्हें संसार में प्राप्त होनेवाली खुशियों से 4.32 अरब गुना अधिक सुख प्राप्त होता है। दीर्घकाल तक वहाँ सुख भोगने के बाद जब उनका पुण्य या सत्कर्मों का प्रभाव नष्ट हो जाता है तो अंततः उन्हें ज्ञानोदय प्राप्त हो जाता है। इसे 'कर्म मुक्ति' या 'चरणबद्ध अनुभूति' कहा जाता है।

गैर वापसी का मार्ग

कर्म मुक्ति

इच्छा-प्रेरित सकारात्मक एवं अनिवार्य कर्म

कैवल्य मुक्ति

केवल अनिवार्य कर्म

दुर्लभ बुद्धिमान व्यक्ति ही सदैव सावधान होता है और दुनिया की उलझनों से अपने मन को मुक्त रख पाता है। वह अत्यंत सावधानी बरतते हुए अपने विचारों को सदैव अपने लक्ष्य से जोड़े रखता है। ऐसा व्यक्ति

इसी शरीर में सीधे ज्ञानोदय प्राप्त करता है। इसे 'कैवल्य मुक्ति' अथवा 'प्रत्यक्ष मुक्ति' कहा जाता है।

मान लीजिए कि आपको किसी महत्त्वपूर्ण बैठक में भाग लेने हेतु न्यूयॉर्क जाना है और आपका ट्रैवल एजेंट आपको दो विकल्प देता है कि या तो आप ऐसी उड़ान ले सकते हैं, जो दुबई में एक पड़ाव लेती है, जहाँ आपको अनेक मुफ्त सुविधाएँ प्राप्त होती हैं या आप बिना कहीं रुके सीधे न्यूयॉर्क की फ्लाइट ले सकते हैं। आप कौन सा विकल्प चुनेंगे? निश्चय ही, आप बिना रुके सीधे न्यूयॉर्क जानेवाली फ्लाइट लेंगे; क्योंकि आपका पूरा ध्यान वहाँ होनेवाली बैठक पर है। इसी प्रकार, उस व्यक्ति के लिए स्वर्गिक सुखों का क्या लोभ, जिसका ध्यान अनंत पर केंद्रित हो!

ऐसा ही एक व्यक्ति 'कठोपनिषद्' में तरुण नचिकेता था। वह ऋषि वजश्रवा का पुत्र था। एक बार वजश्रवा ने एक यज्ञ का आयोजन किया, जिसमें त्याग का संस्कार पूर्ण किया जाता है, जिसके अंतर्गत व्यक्ति से अपने सर्वस्व के त्याग की अपेक्षा की जाती है।

ऐसा ही एक व्यक्ति 'कठोपनिषद्' में तरुण नचिकेता था। वह ऋषि वजश्रवा का पुत्र था। एक बार वजश्रवा ने एक यज्ञ का आयोजन किया, जिसमें त्याग का संस्कार पूर्ण किया जाता है, जिसके अंतर्गत व्यक्ति से अपने सर्वस्व के त्याग की अपेक्षा की जाती है। नचिकेता ने देखा कि उसके पिता केवल उन्हीं गायों का दान कर रहे थे, जिन्होंने दूध देना बंद कर दिया था। उसने अपने पिता को अवश्यंभावी भयावह परिणाम से बचाने के लिए पूछा कि आप अपने पुत्र को किसे देंगे? पिता ने तत्काल तो कोई उत्तर नहीं दिया, परंतु जब नचिकेता अपने प्रश्न पर अडिग बना रहा और उसने उनसे तीसरी बार वही प्रश्न किया तो ऋषि क्रोधित हो गए और

कहा, "मैं तुम्हें यम को प्रदान करूँगा!" यम मृत्यु के देवता हैं।

नचिकेता बिना झिझके सीधे यम के पास चला गया; परंतु उसे तीन दिनों तक प्रतीक्षा करनी पड़ी, क्योंकि यमराज अपने लोक से कहीं बाहर गए हुए थे। जब यम देव वापस लौटे तो उन्होंने तीन दिनों तक प्रतीक्षा करने की क्षतिपूर्ति के रूप में नचिकेता को तीन वरदान देने का प्रस्ताव दिया। उसका पहला दायित्व अपने परिवार के प्रति था, इसलिए उसने अपने पिता के लिए पुनः धैर्य प्राप्त करने का वरदान माँगा; क्योंकि नचिकेता ने जिस समय यम के पास आने का निर्णय लिया था, उस समय उसके पिता अत्यधिक तनाव में थे। यम ने तत्काल उसकी इच्छा पूर्ण कर दी। उसका अगला कर्तव्य जगत् के प्रति था। नचिकेता ने यम से प्रार्थना की कि वे उसे संसार की सेवा करना सिखाएँ। यम ने उसकी प्रार्थना स्वीकार कर ली और नचिकेता ने इतनी अच्छी तरह दुनिया की सेवा की कि उससे प्रसन्न होकर यमराज ने उसे मूल्यवान् मोतियों की माला उपहार-स्वरूप प्रदान की और कहा कि आज के बाद किए जानेवाले प्रत्येक यज्ञ को उसके नाम से जाना जाएगा। यम ने कहा कि तुम्हारा तीसरा कर्तव्य अपने प्रति है। इसलिए नचिकेता ने उनसे ज्ञानोदय, ब्रह्म विद्या, अर्थात् ब्राह्मण देवता का ज्ञान प्रदान करने की प्रार्थना की। यम उसे वरदान देने से पूर्व यह सोचकर थोड़ा हिचकिचाए कि क्या यह युवक अभी इसके लिए तैयार भी है या नहीं, और यह भी कि क्या इसे इस बात का ज्ञान है कि वह

नचिकेता बिना झिझके सीधे यम के पास चला गया; परंतु उसे तीन दिनों तक प्रतीक्षा करनी पड़ी, क्योंकि यमराज अपने लोक से कहीं बाहर गए हुए थे। जब यम देव वापस लौटे तो उन्होंने तीन दिनों तक प्रतीक्षा करने की क्षतिपूर्ति के रूप में नचिकेता को तीन वरदान देने का प्रस्ताव दिया।

मुझसे क्या माँग रहा है? इसलिए यम ने उसे ब्रह्म ज्ञान देने के बजाय स्वर्गिक गायें देने का प्रस्ताव दिया, जो स्वर्ग के धन का प्रतिनिधित्व करती थीं!

नचिकेता की उनमें कोई रुचि नहीं थी, इसलिए उसने दूसरी ओर मुँह फेर लिया। यह कुछ इस प्रकार हुआ कि सुंदर युवतियाँ उसकी आँखों के समक्ष नृत्य करती हुई दिखाई पड़ीं। यम ने सोचा कि यदि धन ने इस लड़के को अपनी ओर आकर्षित नहीं किया तो संभव है कि सुंदरियाँ इसे पसंद आ जाएँ। इसलिए उन्होंने नचिकेता से कहा, "तुम चाहो तो इन्हें भी अपने साथ ले जा सकते हो!" उसी समय नचिकेता ने अपना प्रसिद्ध वक्तव्य दिया, "तवैव वहास्तव नृत्य गीते।" (आप अपना नृत्य एवं गान अपने पास रखिए।) 'आप तो मुझे ब्रह्म विद्या सिखाइए।' यम उसकी बात सुनकर अत्यंत प्रसन्न हुए और उसे सर्वाधिक अमूल्य ज्ञान दिया, जो नचिकेता को एकाकी जीवन की ओर ले गया और उसे सीमित से अनंत सुखों की ओर ले गया, जो सांसारिक अस्तित्व की बेड़ियों से मुक्त था।

नचिकेता की उनमें कोई रुचि नहीं थी, इसलिए उसने दूसरी ओर मुँह फेर लिया। यह कुछ इस प्रकार हुआ कि सुंदर युवतियाँ उसकी आँखों के समक्ष नृत्य करती हुई दिखाई पड़ीं। यम ने सोचा कि यदि धन ने इस लड़के को अपनी ओर आकर्षित नहीं किया तो संभव है कि सुंदरियाँ इसे पसंद आ जाएँ।

अत: इसका निर्णय आपको करना है कि आप दोनों में से किस मार्ग का अनुसरण करना चाहते हैं। यदि आप इच्छाओं की ट्रेड मिल पर बिना रुके सरपट दौड़ते हुए पुरस्कार पाने के लिए अपनी गति तीव्र से तीव्रतर करते रहना चाहते हैं तो बुद्धिमान लोग कहेंगे कि आप आगे बढ़िए और दुनिया का आनंद लीजिए। यदि आप एक इच्छा को पूरी

करने के लिए इच्छा के तत्त्वों को उपलब्ध कराते रहेंगे तो यह उसी प्रकार होगा, जैसे कोई आग बुझाने की कोशिश में उसमें और अधिक ईंधन डाल दे! यदि आपने एक इच्छा का पीछा करते हुए उसे पूर्ण भी कर लिया तो भी आप अंत में खुद को ठगा हुआ महसूस करेंगे। आपको नए सिरे से विचार करने की आवश्यकता है। आप उस गधे की भाँति महसूस करते हैं, जो किसी बैलगाड़ी के पीछे लटकती हुई गाजर को पाने की कोशिश कर रहा है। आप उसकी ओर दौड़ना जारी रखते हैं। आप चाहे जितना तेज दौड़ लें, जिस खुशी को पाने की कोशिश आप कर रहे हैं, वह अभी भी आपकी पकड़ से दूर है। इसका कारण यह है कि आप खुशियों को गलत स्थान पर पाने का प्रयास कर रहे हैं।

> ***संसार में प्रत्येक व्यक्ति खुशियों के पीछे भाग रहा है। किसी को इस बात का ज्ञान नहीं है कि वह कहाँ मिलेगी। हम सभी जे.ए.टी.सी. (जस्ट अराउंड द कॉर्नर) लक्षण के शिकार हैं। ऐसा प्रतीत होता है कि खुशियाँ यहीं नुक्कड़ के आसपास हैं! खुशियाँ प्रत्येक व्यक्ति का जन्मसिद्ध अधिकार नहीं हैं, बल्कि ये आपके कर्तव्य हैं।***

खुशी

संसार में प्रत्येक व्यक्ति खुशियों के पीछे भाग रहा है। किसी को इस बात का ज्ञान नहीं है कि वह कहाँ मिलेगी। हम सभी जे.ए.टी.सी. (जस्ट अराउंड द कॉर्नर) लक्षण के शिकार हैं। ऐसा प्रतीत होता है कि खुशियाँ यहीं नुक्कड़ के आसपास हैं! खुशियाँ प्रत्येक व्यक्ति का जन्मसिद्ध अधिकार नहीं हैं, बल्कि ये आपके कर्तव्य हैं। जीवन में आपका प्रारंभिक दायित्व यह है कि आप प्रसन्न रहें; उत्साह, उल्लास एवं उत्तेजना से ओत-प्रोत रहें। हम इच्छा के पीछे भागते हैं। जब इच्छा पूरी हो जाती है तो मन का विद्रोह कुछ समय के लिए शांत

हो जाता है। इसलिए आप यह मानते हैं कि आपकी खुशियाँ किसी पदार्थ विशेष में निहित हैं। इस प्रकार हम मनोरंजन, उत्तेजना एवं समापन के चक्रवात में फँस जाते हैं। आप छुट्टियाँ मनाने के लिए कहीं बाहर जाना चाहते हैं। उसे लेकर आप उत्तेजित होते हैं और जब आप छुट्टियाँ मनाकर वापस आते हैं तो इतने अधिक थक चुके होते हैं कि आपको उससे उबरने के लिए एक और सप्ताहांत के अवकाश की आवश्यकता पड़ती है।

खुशी आपके अंदर है, फिर भी हरेक व्यक्ति उसे बाहर खोज रहा है। एक बार एक व्यापारी बहुत सारी नकदी लेकर रेलगाड़ी से एक शहर से दूसरे शहर में जा रहा था। एक चोर को इसकी भनक लग गई और वह उसे चुराने की नीयत से उसी डिब्बे में सवार हो गया, जिसमें व्यापारी यात्रा कर रहा था। वह यात्रा रात भर की थी।

खुशी आपके अंदर है, फिर भी हरेक व्यक्ति उसे बाहर खोज रहा है। एक बार एक व्यापारी बहुत सारी नकदी लेकर रेलगाड़ी से एक शहर से दूसरे शहर में जा रहा था। एक चोर को इसकी भनक लग गई और वह उसे चुराने की नीयत से उसी डिब्बे में सवार हो गया, जिसमें व्यापारी यात्रा कर रहा था। वह यात्रा रात भर की थी। उस व्यापारी ने चोर से बातचीत करते हुए बड़े आराम से अपना भोजन किया। उसके बाद वह थोड़ी देर के लिए वॉशरूम में गया और वहाँ पर्याप्त समय लगाया। जिस समय व्यापारी वहाँ से गया, उसके जाते ही चोर नकदी की तलाश में व्यस्त हो गया। उसने उसे हर जगह खोजा, लेकिन कहीं भी उसे नकदी नहीं मिली। व्यापारी वॉशरूम से वापस आकर सो गया। चोर नकदी के बारे में परेशान था, इसलिए उसे एक पल को भी नींद नहीं आई। अगले दिन वह अपने आप को रोक नहीं पाया। उसने व्यापारी के

समक्ष स्वीकार किया कि वह उसकी नकदी चुराने के लिए ही रेलगाड़ी में सवार हुआ था, परंतु उसे नहीं पा सका। व्यापारी उसकी सीट की ओर झुका और उसके तकिए के नीचे से नकदी निकाल ली!

यदि खुशी किसी वस्तु में निहित हो तो उसे सबको समान रूप से आनंदित करना चाहिए, लेकिन ऐसा नहीं होता है। वस्तु तो एक ही है; परंतु एक व्यक्ति को उससे भरपूर खुशी मिलती है, जबकि दूसरा व्यक्ति उसे घृणित पाता है। कोई धूम्रपान करनेवाला व्यक्ति हवाई अड्डे से बाहर निकलकर सिगरेट जलाता है। वह खुश है। दूसरा व्यक्ति उसी धुएँ को कष्टदायक एवं दम घोंटनेवाला महसूस करता है।

यदि खुशी किसी वस्तु में निहित हो तो उसे सबको समान रूप से आनंदित करना चाहिए, लेकिन ऐसा नहीं होता है। वस्तु तो एक ही है; परंतु एक व्यक्ति को उससे भरपूर खुशी मिलती है, जबकि दूसरा व्यक्ति उसे घृणित पाता है। कोई धूम्रपान करनेवाला व्यक्ति हवाई अड्डे से बाहर निकलकर सिगरेट जलाता है।

जब तक कोई इच्छा अपूर्ण रहती है, तब तक आप अप्रसन्न रहते हैं। जिस क्षण आप अपनी इच्छित वस्तु पा जाते हैं, आप प्रसन्न हो जाते हैं, चाहे वह खुशी पल भर के लिए ही क्यों न हो। इसलिए आप यह मान लेते हैं कि वह वस्तु ही है, जो आपको खुशी प्रदान करती है। सत्य यह है कि जब तक इच्छा पूरी नहीं होती है, आपका मन अशांत रहता है। जब आपकी इच्छा पूर्ण हो जाती है तो आपका मन भी शांत हो जाता है। आपकी सबसे पहली भूल यह है कि आप खुशियों को किसी वस्तु में निहित मान लेते हैं, जबकि इसका परीक्षण किए जाने की आवश्यकता है।

हार्वर्ड विश्वविद्यालय में मनोविज्ञान के प्रोफेसर डैन गिल्बर्ट कहते हैं कि खुशियाँ दो प्रकार की होती हैं—प्राकृतिक एवं कृत्रिम। प्राकृतिक

सुख आपको तब प्राप्त होता है, जब आप अपनी कोई इच्छा पूर्ण कर लेते हैं। मान लीजिए कि आपको भोजन की आवश्यकता है। खाना खाने के बाद आप प्रसन्न हो जाते हैं। इसे अन्य सभी जीवधारियों ने भी अनुभव किया है। मनुष्य जिस वस्तु को संसार में खोजने का प्रयास कर रहे हैं, उनके अंदर उसके उत्पादन की भी अतिरिक्त क्षमता होती है। आप खुशियों को समन्वित कर सकते हैं। दूसरे शब्दों में, आपके अंदर प्रसन्न रहने की क्षमता है, चाहे आपको आपकी इच्छित वस्तु प्राप्त हो या नहीं।

जब किसी कुत्ते को कोई हड्डी मिल जाती है तो वह खुश हो जाता है। यदि कुत्ता हड्डी पाने में विफल रहता है तो वह खुश नहीं हो सकता। एक मनुष्य के रूप में आप हड्डी न मिलने के बावजूद प्रसन्न रह सकते हैं। चूँकि आपकी यह क्षमता अज्ञात है, इसलिए आप उसका कभी अभ्यास नहीं करते हैं।

आपके अंदर एक मनोवैज्ञानिक अवरोधक प्रणाली है, जो उस वस्तु का निर्माण कर सकती है, जिसे आप बाहर पाने की कोशिश कर रहे हैं।

जब किसी कुत्ते को कोई हड्डी मिल जाती है तो वह खुश हो जाता है। यदि कुत्ता हड्डी पाने में विफल रहता है तो वह खुश नहीं हो सकता। एक मनुष्य के रूप में आप हड्डी न मिलने के बावजूद प्रसन्न रह सकते हैं। चूँकि आपकी यह क्षमता अज्ञात है, इसलिए आप उसका कभी अभ्यास नहीं करते हैं। प्राचीन भारतीयों ने इसी उपहार पर अपना ध्यान केंद्रित किया; क्योंकि इस बात की कोई गारंटी नहीं है कि दुनिया आपकी इच्छित वस्तु उपलब्ध ही करा देगी। इसके अलावा, आप निराशाजनक रूप से दुनिया पर निर्भर हो जाते हैं।

जब तक आपका ध्यान बहिर्मुखी है और आप अपनी इच्छाओं की पूर्ति के लिए दुनिया की ओर देखते रहेंगे, आप सदैव आंदोलित

एवं अप्रसन्न रहेंगे। आपकी इच्छाओं एवं आपकी इच्छित वस्तु के मध्य दूरी निरंतर बढ़ती रहेगी। यद्यपि आपको हरेक वस्तु प्राप्त भी हो जाती है, तब भी अल्पता का नियम लौटकर आपको ठोकरें मारता है। आप इसमें जितना अधिक लिप्त होंगे, आपको उतना ही कम सुख प्राप्त होगा। सर्वाधिक आनंद वस्तु को पहली बार देखने में प्राप्त होता है। यदि आप उसी वस्तु को बार-बार देखेंगे तो आनंद प्रदान करनेवाला तत्त्व क्षीण हो जाएगा। इसलिए आपको प्रसन्न होने के लिए अधिक पाने की चाहत होगी।

उस व्यक्ति का उदाहरण लीजिए, जो पहली बार शराब का पैग पीता है। वह उसे आनंद देता है। इसलिए वह रोजाना एक पैग पीना शुरू कर देता है। शीघ्र ही वह उसे आनंदित करना बंद कर देती है। इसलिए वह रोजाना दो पैग पीना प्रारंभ कर देता है और दोबारा खुशी प्राप्त करता है।

उस व्यक्ति का उदाहरण लीजिए, जो पहली बार शराब का पैग पीता है। वह उसे आनंद देता है। इसलिए वह रोजाना एक पैग पीना शुरू कर देता है। शीघ्र ही वह उसे आनंदित करना बंद कर देती है। इसलिए वह रोजाना दो पैग पीना प्रारंभ कर देता है और दोबारा खुशी प्राप्त करता है। समय व्यतीत होने के साथ-साथ उसे शराब में आनंद आना कम हो जाता है और वह अपनी मद्यपान की मात्रा को और अधिक बढ़ा देता है, फिर भी उसे शून्य खुशी होती है! फिर भी वह मद्यपान जारी रखने की आवश्यकता महसूस करता है, क्योंकि शराब न मिलने से उसे कष्ट होता है। वह पूरी तरह शराब का आदी बन चुका है। जब वह पीता है तो उसे कोई खास खुशी हासिल नहीं होती, परंतु जब वह उसे नहीं मिलती तो उसकी दशा दयनीय हो जाती है।

ऐसा हम सबके साथ होता है। आप जितना अधिक संपन्न होंगे,

आपकी व्यथा उतनी ही विशाल होगी। आप किसी वस्तु के अभ्यस्त हो जाते हैं तो दूसरी वस्तु की ओर बढ़ते हैं। प्रारंभ में आप उसके प्रति उत्तेजित होते हैं, परंतु शीघ्र ही वह उत्तेजना भी समाप्त हो जाती है। इस प्रकार, आप एक से दूसरी वस्तु की ओर तब तक आकर्षित होते रहते हैं, जब तक कि आपकी सभी वस्तुओं के प्रति अरुचि नहीं उत्पन्न हो जाती! जब आपको जीवन की अच्छी चीजें प्राप्त होती हैं तो आपको कोई आनंद नहीं प्राप्त होता। जब आपको आपकी इच्छित वस्तुओं में से एक भी नहीं मिलती है तो आप दुःखी हो जाते हैं। आप ठहराव की स्थिति में पहुँच चुके होते हैं। आपको अपने रहन-सहन का उच्चतर मानक बनाए रखने हेतु कठोर परिश्रम करने की आवश्यकता है। अत्यधिक प्रयास करने के बावजूद आपको कोई लाभ नहीं होता। आप अनानंद एवं अप्रसन्नता के मध्य एकांतरण करते हैं। इसी अवस्था में अवसाद का जन्म होता है।

आप अपने अंतर्मन की ओर मुड़िए और आनंद प्राप्त कीजिए। आप अपने अंदर शांति का अनुभव करेंगे। आप उस स्थिति में भी प्रसन्नता खोजिए, जब आपको आपकी इच्छित वस्तु प्राप्त न हो। वास्तव में, इसका इच्छित वस्तु से कोई संबंध नहीं है। आप अंततोगत्वा इच्छा के भयावह प्रभावों को समझ जाते हैं। अब आप इस तथ्य से सहमत हैं कि आप जिस विशेष चीज को अपने मन में पाले हुए थे, उसका पोषण एवं संवर्धन करते हुए उसे हवा दे रहे थे, वही आपकी सबसे बड़ी शत्रु है। □

10

इच्छा शत्रु है

✻

श्रीकृष्ण ने श्रीमद्भगवद्गीता में 'इच्छा' को परिभाषित करने के लिए चार शब्दों का प्रयोग किया है और उन सभी का अर्थ वैरी, अर्थात् शत्रु है—वैरिन, नित्य वैरिन, परिपंथिन एवं शत्रु। और इच्छा ही वह वस्तु है, जिससे आप सर्वाधिक प्रेम करते हैं! संभवत: आपने देखा होगा कि जब तक आप किसी वस्तु की इच्छा पाले रहते हैं, तब तक वह आपको प्राप्त नहीं होती है। जब आप उसके मोह से मुक्ति पाकर आगे बढ़ जाते हैं तो वह आपको मिल जाती है। चाहे वह बचपन में आपकी किसी विशेष खिलौने की चाहत हो या किशोरावस्था में अपने स्वप्निल परिधान की, वह इच्छा ही है, जो आपके और आपकी वांछित वस्तु के मध्य खड़ी होती है।

अपूर्ण इच्छा दु:ख का कारण बनती है। तनाव को मानसिक उत्तेजना के रूप में परिभाषित किया जाता है, जिसका कारण अपूर्ण इच्छा है। आप इच्छाएँ पालने के लिए स्वतंत्र हैं, लेकिन दुनिया आपको संतुष्ट करने के लिए उपकृत नहीं है। आप अपने मन में जितनी ही अवास्तविक इच्छा पालेंगे, आपको उतना ही अधिक दु:ख का अनुभव होगा।

और इच्छा आपको अपनी ओर खींचे रखती है। आपकी दृष्टि

बाधित हो जाती है और आपकी सारी प्रतिभा एवं योग्यता अप्रयुक्त, अज्ञात एवं असंदिग्ध रह जाती है!

इच्छा एवं उसके नामांतरण

प्रत्येक धर्म में इच्छा का उल्लेख शत्रु के रूप में किया गया है। हिंदुत्व 'इच्छा' को 'असुर' के रूप में संदर्भित करता है, ईसाइयत उसे 'सतन' एवं इसलाम 'शैतान' कहता है। बौद्ध धर्म में इसे 'मार' कहते हैं।

> ***श्रीमद्भगवद्गीता के दूसरे अध्याय में श्रीकृष्ण ने इसका उल्लेख विनाश के सोपान के रूप में किया है। यह एक विचार, केवल एक विचार से उत्पन्न होती है। एक विचार इधर और एक पसंद उधर अहानिकर नजर आती है। किसी टेस्ला कार के विषय में या किसी नैसर्गिक स्थल पर छुट्टियाँ बिताने का विचार सुखद है, इसलिए आप उसके बारे में सोचते रहते हैं।***

चाहे पूर्ण हो या संतप्त, इच्छा मन में उत्तेजना एवं अशांति का कारण बनती है। आइए, देखते हैं कि इच्छा हमारी प्रणाली में क्या करती है। इच्छा एक रोगाणु या बैक्टीरिया की तरह है। एक वायरस अहानिकर होता है। प्राणीमात्र की तुलना में उसकी शक्ति एवं सामर्थ्य क्या है? फिर भी, जब वह एक बार आपके अंदर प्रवेश कर जाता है, वह आपकी प्रतिरोधक प्रणाली को अप्रभावी बना देता है, तेजी से आपके अंदर फैलता है और जब तक आपका नाश नहीं कर देता, तब तक इच्छा का वायरस आपका पीछा नहीं छोड़ता।

श्रीमद्भगवद्गीता के दूसरे अध्याय में श्रीकृष्ण ने इसका उल्लेख विनाश के सोपान के रूप में किया है। यह एक विचार, केवल एक विचार

से उत्पन्न होती है। एक विचार इधर और एक पसंद उधर अहानिकर नजर आती है। किसी टेस्ला कार के विषय में या किसी नैसर्गिक स्थल पर छुट्टियाँ बिताने का विचार सुखद है, इसलिए आप उसके बारे में सोचते रहते हैं। कुछ ही समय में वह विचारों की एक धारा बन जाता है, जो आपसे निकलकर उस पदार्थ तक जा रहा होता है। इसे ही 'आसक्ति' कहते हैं। आप किसी वस्तु को प्राप्त करने की संकल्पना के प्रति आसक्त हो जाते हैं। आप उस विचार में और भी अधिक निवेश करते हैं और उस वस्तु को प्राप्त करना आपकी दृढ़ इच्छा बन जाता है। इसी स्थान पर आप फँस जाते हैं। आप उसे किसी भी स्थिति में प्राप्त करने का प्रयास करते हैं। इसके बाद आप उस स्पर्श रेखा पर पहुँच जाते हैं, जहाँ आप अपने जीवन के उद्देश्यों को किनारे रख देते हैं और उस वस्तु के पीछे भागने लगते हैं। इसके गंभीर परिणाम हो सकते हैं।

एक महिला खिलाड़ी किसी अंतरराष्ट्रीय प्रतियोगिता में भाग लेने सैन फ्रांसिस्को गई थी। वहाँ उसने एक चमचमाती हुई सात सीटोंवाली बिल्कुल नई टेस्ला कार देखी। उस खिलाड़ी को कारें अत्यंत प्रिय थीं और उसे टेस्ला में सवारी करने में आनंद आता था। वह कार के विषय में सोचने लगती है।

एक महिला खिलाड़ी किसी अंतरराष्ट्रीय प्रतियोगिता में भाग लेने सैन फ्रांसिस्को गई थी। वहाँ उसने एक चमचमाती हुई सात सीटोंवाली बिल्कुल नई टेस्ला कार देखी। उस खिलाड़ी को कारें अत्यंत प्रिय थीं और उसे टेस्ला में सवारी करने में आनंद आता था। वह कार के विषय में सोचने लगती है। वह अपने लिए टेस्ला कार खरीदने के विचार के प्रति आसक्त हो जाती है, अपने मन में उसके प्रति इच्छा पाल लेती है। इसके बाद वह अपनी स्पर्धाओं एवं कार्य-प्रदर्शन पर ध्यान केंद्रित करने

के बजाय अब भारत में कार के आयात एवं उसके लिए वित्तीय प्रबंधों के बारे में योजना बनाने लग जाती है। अंत में, वह खिलाड़ी कार के प्रति इतना अधिक आसक्त हो जाती है कि अपनी सभी स्पर्धाओं में निकृष्टतम प्रदर्शन करती है और उसका कॅरियर समाप्त हो जाता है। वह कार प्राप्त करने में भी विफल हो जाती है।

यदि इच्छा पूर्ण हो जाती है तो कुछ समय के लिए आप प्रसन्न हो जाते हैं, परंतु उसके बाद आपकी चाहत बढ़ जाती है और आप अधिक पाने की कोशिश करते हैं। इच्छा लोभ का रूप धारण कर लेती है। कोई व्यापारी साधारण लक्ष्यों से शुरुआत करता है। एक बार जब उसे सफलता का स्वाद मिल जाता है तो वह और अधिक पाने की कोशिश करने लगता है। दोबारा भी उसकी इच्छा पूरी हो जाती है और उसके बाद वह सफलता के साथ धोखा करने लगता है। वह सोचता है कि वह अपने धन से संसार में उपलब्ध सब वस्तुएँ खरीद सकता है। किंतु, धन आपको केवल वे चीजें ही दिला सकता है, जिनका आपको बोध है। धन से आप प्रेम नहीं खरीद सकते और ज्ञान तो निश्चय ही नहीं। हालाँकि, आप अधिक धन कमाकर शिखर पर पहुँच सकते हैं, लेकिन उसके पश्चात् आप भयाक्रांत हो जाते हैं। आपको अपना धन खोने का भय लगने लगता है। आपको यह भय सताने लगता है कि अर्थव्यवस्था

यदि इच्छा पूर्ण हो जाती है तो कुछ समय के लिए आप प्रसन्न हो जाते हैं, परंतु उसके बाद आपकी चाहत बढ़ जाती है और आप अधिक पाने की कोशिश करते हैं। इच्छा लोभ का रूप धारण कर लेती है। कोई व्यापारी साधारण लक्ष्यों से शुरुआत करता है। एक बार जब उसे सफलता का स्वाद मिल जाता है तो वह और अधिक पाने की कोशिश करने लगता है।

टूट जाएगी, शेयर बाजार नीचे गिर जाएगा या आपका दामाद आपकी सारी संपत्ति लेकर भाग जाएगा!

आप इस तथ्य को निश्चित मान लीजिए कि कोई-न-कोई व्यक्ति हमेशा आपसे अधिक धनी होगा। एक आदमी आपसे अधिक खूबसूरत हो सकता है, दूसरा आपसे अधिक लोकप्रिय और तीसरा अधिक प्रतिभावान्। जिनके पास आपसे अधिक है, आप उनके प्रति ईर्ष्यालु हो जाते हैं। जिन लोगों के पास आपसे कम होता है, आप उनके प्रति घमंडी हो जाते हैं।

आप इस तथ्य को निश्चित मान लीजिए कि कोई-न-कोई व्यक्ति हमेशा आपसे अधिक धनी होगा। एक आदमी आपसे अधिक खूबसूरत हो सकता है, दूसरा आपसे अधिक लोकप्रिय और तीसरा अधिक प्रतिभावान्। जिनके पास आपसे अधिक है, आप उनके प्रति ईर्ष्यालु हो जाते हैं। जिन लोगों के पास आपसे कम होता है, आप उनके प्रति घमंडी हो जाते हैं।

यह सब आपके अंदर मानसिक उत्तेजना एवं तनाव पैदा करता है। आप जीवन का आनंद लेने में विफल हो जाते हैं। आप अनिद्रा के शिकार हो जाते हैं। तनाव मन एवं शरीर दोनों को प्रभावित करता है। वह अनेक प्रकार के शारीरिक रोगों में परिणत हो जाता है। तनाव के कारण आपको उच्च रक्तचाप, हृदयाघात, दौरे एवं अन्य रोग हो जाते हैं। इच्छा मन पर भी आक्रमण करती है। आप अवसाद (डिप्रेशन) में चले जाते हैं। सच्चाई यह है कि अमेरिका में तनावरोधी दवा की सर्वाधिक बिक्री होती है, जिससे ज्ञात होता है कि इच्छा ने कितना भारी विनाश किया है।

फिर भी दुनिया भर में लोग इच्छाओं को बढ़ावा दे रहे हैं, उसे प्रोत्साहित कर रहे हैं, उनका पालन-पोषण कर रहे हैं। जब प्राचीन

गुरुओं ने हमें इच्छा के दुष्प्रभावों के प्रति चेताया था तो हमने उनकी सलाह को इसलिए खारिज कर दिया था, क्योंकि हमने मान लिया था कि वे हमें इच्छा उत्पन्न करनेवाले तत्त्वों से दूर रहने के लिए कह रहे थे। यह एक ऐसी गलतफहमी थी, जो दुनिया में अकथनीय मुसीबतों का कारण बनी। जब वे हमें इच्छा से ऊपर उठने के लिए कहते हैं तो वे हमें इच्छात्मक वस्तुओं को त्यागने की बात नहीं कह रहे होते हैं। वस्तुतः, वे हमें दुनिया से कुछ अधिक प्राप्त करने की सलाह दे रहे हैं। उनका मंत्र है—'अर्जित करो, सँभालकर रखो और दुनिया का यथासंभव आनंद लो; परंतु उसकी इच्छा कभी मत पालो।'

यह इच्छा ही आपकी शत्रु है, दुनिया नहीं। जब तक आप किसी चीज की इच्छा करेंगे, तब तक आप उसके गुलाम बने रहेंगे। आप उसके अधीनस्थ एवं उसके ऊपर निर्भर हो जाएँगे। कोई उच्चतर इच्छा पालिए। आप तुच्छ इच्छाओं से मुक्त हो जाएँगे। इच्छित पदार्थ स्वयं आपके पास आ जाएगा।

यह इच्छा ही आपकी शत्रु है, दुनिया नहीं। जब तक आप किसी चीज की इच्छा करेंगे, तब तक आप उसके गुलाम बने रहेंगे। आप उसके अधीनस्थ एवं उसके ऊपर निर्भर हो जाएँगे। कोई उच्चतर इच्छा पालिए। आप तुच्छ इच्छाओं से मुक्त हो जाएँगे। इच्छित पदार्थ स्वयं आपके पास आ जाएगा। ऐसा इसलिए होता है, क्योंकि आप एक मेधा विकसित कर लेते हैं। दुनिया किसी भी क्षेत्र के व्यक्ति को उसके प्रयासों एवं उपलब्धियों के लिए पुरस्कृत करती है।

चाहे आप कोई खिलाड़ी हैं, संगीतकार या वास्तुशिल्पी हैं, आप उस क्षेत्र में अपने कार्य-प्रदर्शन को उन्नत करने पर अपना ध्यान केंद्रित कीजिए, अपने कौशल एवं योग्यताओं को समुन्नत करने हेतु सबकुछ कीजिए, आपकी आय स्वयमेव बढ़ जाएगी। यदि आप केवल धन के

बारे में सोचेंगे तो आप साधारण बन जाएँगे और धन आपको धोखा देकर आपके हाथ से फिसलकर निकल जाएगा। इसलिए इच्छा को एक तरफ रख दीजिए और उत्कृष्टता के विकास पर ध्यान केंद्रित कीजिए।

जीवन का नियम यह है कि आपको वही मिलता है, आप जिसके योग्य होते हैं, न कि वह, जिसकी आप इच्छा करते हैं। इसलिए हमेशा अपनी योग्यता पर ध्यान केंद्रित कीजिए, इच्छाओं पर नहीं। किसी अद्वितीय खिलाड़ी, वैज्ञानिक या कारोबारी कार्यकारी अधिकारी—जिसके पास प्रतिभा होगी, उसके पास जीवन की सभी अच्छी चीजें स्वयमेव आ जाएँगी। हम केवल उपाधियों एवं तमगों को देखते हैं; उन खूबसूरत कारों, प्रसिद्धि एवं वैभव को देखते हैं, जिनका लोग आनंद लेते हैं। हम उनकी उस कड़ी मेहनत को एक बार भी नहीं देखते हैं, जिसके कारण उन्हें यह सब प्राप्त हुआ है।

> ***जीवन का नियम यह है कि आपको वही मिलता है, आप जिसके योग्य होते हैं, न कि वह, जिसकी आप इच्छा करते हैं। इसलिए हमेशा अपनी योग्यता पर ध्यान केंद्रित कीजिए, इच्छाओं पर नहीं। किसी अद्वितीय खिलाड़ी, वैज्ञानिक या कारोबारी कार्यकारी अधिकारी—जिसके पास प्रतिभा होगी, उसके पास जीवन की सभी अच्छी चीजें स्वयमेव आ जाएँगी।***

प्रसिद्ध बास्केटबॉल खिलाड़ी कोबे ब्रायंट, जनवरी 2020 में एक हेलीकॉप्टर दुर्घटना में जिनकी मृत्यु हो गई, वह एन.बी.ए. के सर्वोत्तम खिलाड़ियों से भी अधिक कड़ी मेहनत करते थे। मैराथन अभ्यास सत्रों से लेकर अपने प्रदर्शन को सुधारने की उत्कट इच्छा के कारण उन्होंने अपना प्रिय जंक फूड खाना भी छोड़ दिया था। अंततः कोबे सर्वश्रेष्ठ खिलाड़ी बनने की इच्छा से प्रेरित थे। वह चोटग्रस्त होने के बावजूद व्यायामशाला (जिम)

में सबसे पहले पहुँचनेवाले खिलाड़ी थे। हाई स्कूल में वह अभ्यास के लिए सुबह 5 बजे मैदान में पहुँच जाते थे और वहाँ दो घंटे पसीना बहाने के बाद 7 बजे वापस लौटते थे। बाद में उनका व्यायाम प्रात: 4.15 बजे शुरू हो गया, यद्यपि जिस समय वह पूरी तरह फिट थे, तब भी उन्होंने 2012 के ओलंपिक खेलों में भाग लेने के लिए अपनी खुराक घटा दी थी और अपना वजन कम कर लिया था।

सफलता दिलानेवाले कठोर परिश्रम, त्याग एवं प्रयत्नों पर दृष्टि डालिए। उपलब्धियाँ प्राप्त करनेवाले उन लोगों से प्रेरणा प्राप्त कीजिए, जिन्होंने अथक संघर्ष किया और अपने परिश्रम का आनंद लिया। उनके जैसा बनने का प्रयास कीजिए, सफलता स्वयमेव आपके पास दौड़ी चली आएगी। जीवन में कोई शॉर्ट कट नहीं है। कोई रातोरात अमीर नहीं बन सकता।

इसी प्रकार, प्रसन्नता प्राप्त करने के लिए भी आपको कोई मूल्य तो चुकाना ही होगा। आपको खुशी, संतोष एवं आनंद प्राप्त करने योग्य बनने के लिए कठोर परिश्रम करना होगा। किसी सौभाग्यशाली दिन वह अपने आप ही आपके पास नहीं आ जाएगा। आध्यात्मिक विकास के साथ तो यह और भी अधिक संभव है। इसके लिए भिन्न प्रकार के प्रयास की आवश्यकता होती है—ऐसा प्रयास, जो अधिक कठिन है, परंतु कई गुना अधिक समृद्धिकारक एवं पूर्णता प्रदान करनेवाला है। आध्यात्मिक विकास के सह-उत्पाद अमित समृद्धि एवं प्रसन्नता प्रदान करनेवाले हैं। इसलिए आध्यात्मिक उन्नति हेतु प्रयास कीजिए। दुनिया की दौलत आपके नियंत्रण में होगी और आप इसके बावजूद प्रसन्न होंगे कि आपके चारों ओर क्या हो रहा है!

□

भाग-4

उपाय

11

इच्छा से ऊपर उठिए

समाधान क्या है? इच्छा के साथ क्या किया जाना चाहिए? उपाय यह है कि आप सबसे पहले पूरी बुद्धिमत्ता के साथ अपनी इच्छाओं की बारीकी से जाँच कीजिए। अपनी बुद्धि को इच्छाओं का परीक्षण करने दीजिए और उसे ही यह निर्णय भी करने दीजिए कि किस इच्छा को पूर्ण करना है और किसे अपने मन से निकाल देना है। बुद्धि इच्छाओं को राह दिखाएगी, उनका पर्यवेक्षण करेगी तथा उन्हें निर्देश देगी। इस प्रकार इच्छाएँ लक्ष्य, महत्त्वाकांक्षा एवं अभिलाषाओं का कम उग्र स्वरूप धारण करेंगी। ठीक उसी प्रकार, जैसे किसी घातक रोगाणु को जब कमजोर कर दिया जाता है तो वही उस रोग का टीका भी बन जाता है।

आइए, एक बार यह देखें कि इच्छा करती क्या है? वह इच्छित वस्तु की प्राप्ति के मार्ग के मध्य खड़ी हो जाती है। जब तक आप किसी इच्छा के प्रति अधिक आग्रही होते हैं, इच्छा का पदार्थ आपकी पकड़ में नहीं आता है। इच्छा पदार्थ के प्रति तीव्रता, ललक एवं अधीरता का रूप धारण कर लेती है। उसके बाद आप जीवन को संकुचित रूप में देखने लगते हैं और आपका मन अशांत हो जाता है। आप स्पष्ट तौर पर कुछ

सोच नहीं सकते, इसलिए आपका कृत्य दोषपूर्ण हो जाता है।

अपने जीवन में एक बार पीछे मुड़कर देखिए, जब कभी भी आपने कोई खिलौना, पोशाक या गैजेट पाने की उत्कृष्ट इच्छा व्यक्त की, आपको उसके लिए मना कर दिया गया। उसके बाद आप आगे बढ़ गए और जिस चीज के प्रति आप कभी अत्यंत लालायित थे, वही चीज अचानक आपके हाथों में आ जाती है! इसलिए, आप इच्छा का पीछा करेंगे तो इच्छित वस्तु आपसे दूर चली जाएगी। आप इच्छा से ऊपर उठेंगे तो इच्छित वस्तु स्वयमेव आपके पास आ जाएगी। सभी उपायों से दुनिया आपको इच्छा के जो भी पदार्थ उपलब्ध कराए, उसे ग्रहण कीजिए और उसका आनंद लीजिए; लेकिन कभी किसी चीज की इच्छा मत कीजिए।

इच्छा आपको व्यथित करती है। अपूर्ण इच्छा आपकी मानसिक अशांति एवं तनाव का कारण बनती है। यही तनाव कालांतर में आपके आनंद में बाधक बनता है और इच्छा आपको त्रिशंकु एवं विकलांग बना देती है। संकीर्ण मन के साथ आप महानता नहीं प्राप्त कर सकते।

इच्छा आपको व्यथित करती है। अपूर्ण इच्छा आपकी मानसिक अशांति एवं तनाव का कारण बनती है। यही तनाव कालांतर में आपके आनंद में बाधक बनता है और इच्छा आपको त्रिशंकु एवं विकलांग बना देती है। संकीर्ण मन के साथ आप महानता नहीं प्राप्त कर सकते। आपको अपनी दृष्टि को 'मैं, मेरे और मेरे लिए' के दृष्टिकोण से आगे ले जाने की आवश्यकता है।

इच्छा का स्रोत क्या है? इच्छा कैसे उत्पन्न होती है? इच्छा वहीं उत्पन्न होती है, जहाँ कोई अभाव या रिक्ति होती है। जब पेट खाली होता है तो आपके विचार भोजन की ओर जाते हैं। परंतु जब आप पहले ही खा चुके होते हैं तो आपका मन भोजन के विचार को प्रश्रय नहीं देगा।

इसलिए रिक्तता इच्छा की संवाहिका है। अपने अंदर देखिए। जिस पल आप सोकर उठते हैं और आपके सोने के लिए जाने के समय तक, जन्म से लेकर मृत्यु तक सभी मनुष्य रिक्तता एवं अभाव की भावना से ग्रस्त होते हैं। भौतिकी के अनुसार, 'प्रकृति रिक्तता से घृणा करती है।' अतः विचार आपके मन में उत्पन्न होते हैं, जो संसार में जाकर अपनी इच्छित वस्तु की प्राप्ति के माध्यम से इस रिक्ति को भरने का प्रयास करते हैं।

आप किसी एक विचार में निवेश करते हैं और विचारों की मोटी धारा को 'इच्छा' कहा जाता है। अपने जीवन में आपने अपनी अनेक इच्छाएँ पूर्ण की हैं। क्या रिक्तता की भावना चली गई? क्या उसमें लेशमात्र भी कमी आई? नहीं। क्या आप कभी इस बात से चकित हुए कि अनेक इच्छाओं के पूर्ण होने के बावजूद आपकी रिक्तता दूर नहीं हुई? श्रीमद्भगवद्गीता इस प्रवृत्ति को स्पष्ट करती है। वह कहती है कि आपको कचोटनेवाली रिक्तता की भावना के बावजूद आप वास्तव में पूर्ण होते हैं। आप पूर्णतया एवं समग्रतः परिपूर्ण हैं, लेकिन किन्हीं व्याख्या न करने योग्य कारणों से आप यह नहीं जान पाते हैं कि आप पूर्ण हैं।

आप किसी एक विचार में निवेश करते हैं और विचारों की मोटी धारा को 'इच्छा' कहा जाता है। अपने जीवन में आपने अपनी अनेक इच्छाएँ पूर्ण की हैं। क्या रिक्तता की भावना चली गई? क्या उसमें लेशमात्र भी कमी आई? नहीं। क्या आप कभी इस बात से चकित हुए कि अनेक इच्छाओं के पूर्ण होने के बावजूद आपकी रिक्तता दूर नहीं हुई?

पूर्णता के प्रति आपकी यही अज्ञानता आपको मूर्ख बनाती है। इसीलिए संपूर्ण मानवता गलत वृक्ष पर पत्थर फेंक रही है! आपको इच्छा के पदार्थों की कोई आवश्यकता नहीं है। कुल मिलाकर, आपको यह

जानने की आवश्यकता है कि आप परिपूर्ण एवं संतुष्ट हैं। इसके बाद इच्छा स्वयमेव लुप्त हो जाएगी। इसके पश्चात् आप जीवन का अंतिम उद्देश्य—समग्र एवं पूर्ण प्रसन्नता—प्राप्त कर लेंगे। इसलिए अपनी इच्छाओं की पूर्ति करना जारी रखें, परंतु अपनी पूर्णता का ज्ञान प्राप्त करने के लिए भी थोड़ा समय बिताएँ।

श्रीमद्भगवद्गीता इच्छा से निपटने के लिए एक वैज्ञानिक उपाय का उल्लेख करती है। हम इसे वी.ओ.एस., अर्थात् 'वेदांत ऑपरेटिंग सिस्टम' कहते हैं। यह इच्छाओं से आपके व्यक्तित्व के शुद्धीकरण का उच्चतम प्रभावी उपाय है। यह आपको कर्म के मार्ग पर प्रवृत्त होने के साथ इच्छाओं की संख्या को घटाने में समर्थ बनाता है, श्रद्धा के मार्ग पर चलकर आपकी इच्छाओं की गुणवत्ता को उन्नत बनाता है और ज्ञान के मार्ग पर चलकर इच्छाओं की दिशा को परिवर्तित करने की ओर प्रवृत्त करता है।

□

12

कर्म का मार्ग

✻

आइए, सबसे पहले यह देखें कि आपको कर्म करने के प्रति क्या चीज प्रेरित करती है। क्या आप वंचित महसूस करते हैं? क्या आप दुनिया से कुछ अधिक पाने के लिए कार्य करते हैं? अथवा आप पहले से ही अनुगृहीत महसूस करते हैं और अन्य लोगों के साथ अपने सौभाग्य (धन-संपत्ति, खुशियों) को साझा करने के इच्छुक हैं? जब आप उन चीजों पर दृष्टि डालते हैं, जो आपके पास नहीं हैं, आप न्यूनतम संभव कार्य करते हैं और लगातार दूसरे लोगों को दोष देते रहते हैं। जीवन के प्रति आपका दृष्टिकोण संकीर्ण और उसमें खोट देखनेवाला है और आप केवल निजी लाभ एवं खुशियों की ओर देखते हैं। आपको जो कुछ प्राप्त हुआ है, उसकी प्रचुरता के प्रति जागरूक बनिए। इसके बाद आप रोजाना किसी प्रफुल्लित बच्चे की तरह अपने बिस्तर से बाहर आएँगे। आपके अंदर दूसरों को कुछ देने की भावना विकसित होगी। आपके अंदर अपने सौभाग्य को अन्य कम संपन्न लोगों के साथ साझा करने की प्रवृत्ति पैदा होगी। आप एक उत्साही व्यक्ति बन जाएँगे, अपने कर्तव्यों से आगे जाकर सृजनशील बन जाएँगे।

पाने, हड़पने, विस्तार करने की प्रवृत्ति का परित्याग कर देने, साझा

करने और योगदान करने की प्रवृत्ति की ओर बढ़िए। मुनाफाखोरी से दान करने, केवल खुद को अमीर बनाने के बजाय दूसरे लोगों को समृद्ध बनाने में सहायता कीजिए। प्राप्ति का मार्ग दान करने से ही निकलता है। भौतिक विज्ञान इस सिद्धांत को वैधता प्रदान करता है। कोई पदार्थ लाल रंग का है, क्योंकि वह अपने अंदर केवल लाल रंग को छोड़कर अन्य सभी रंगों को समाहित कर लेता है। विचित्र बात यह है कि वह अपने अंदर जिन अन्य छह रंगों को समाए हुए होता है, उनका क्षय हो जाता है। वह केवल वही रंग दिखाता है, जो उसका वास्तविक रंग है! तो क्या ऐसा हमारे साथ भी होता है? आप थोड़ा दीजिए, आपको थोड़ा प्राप्त होगा; अधिक देंगे, अधिक प्राप्त होगा; अपना सर्वस्व दान कर दीजिए, आपको सबकुछ प्राप्त होगा।

ऋग्वेद कहता है, 'धन एक खाद की भाँति है। आप उसे एक स्थान पर जमा कर दीजिए, वह वायु को प्रदूषित कर देगा। उसे खेतों में फैला दीजिए, वह आपको अच्छी और भरपूर फसल देगा! आपको कुछ देना नहीं है। देने के विचार मात्र से ही आप समृद्ध हो जाएँगे। इसी नियम के आधार पर आप कुछ हड़पने की योजना बनाइए और आप तत्काल कंगाल हो जाएँगे।

ऋग्वेद कहता है, 'धन एक खाद की भाँति है। आप उसे एक स्थान पर जमा कर दीजिए, वह वायु को प्रदूषित कर देगा। उसे खेतों में फैला दीजिए, वह आपको अच्छी और भरपूर फसल देगा! आपको कुछ देना नहीं है। देने के विचार मात्र से ही आप समृद्ध हो जाएँगे। इसी नियम के आधार पर आप कुछ हड़पने की योजना बनाइए और आप तत्काल कंगाल हो जाएँगे।

यद्यपि व्यापार के क्षेत्र में भी, जहाँ केवल लाभार्जन ही उद्देश्य होता है, कुछ देने की प्रवृत्ति आपको अच्छा लाभ देती है। अमेरिका की

प्रसिद्ध दवा निर्माता कंपनी सी.वी.एस. के निगम (कॉरपोरेट) मुख्यालय पर एक साइन बोर्ड लगा है, जिस पर लिखा है—'उत्तम स्वास्थ्य के पथ पर अग्रसर लोगों की सहायता हेतु अग्रसर'। उसके कर्मचारी अपनी कंपनी को केवल मुनाफा कमानेवाली कंपनी के रूप में ही नहीं देखते हैं, बल्कि उसके आगे जाकर यह देखते हैं कि कंपनी के पास कोई सार्थक उद्देश्य भी है। जो एक चीज उनकी समझ में नहीं आई, वह यह थी कि जब कंपनी के कारोबार के केंद्र में उसके ग्राहकों का स्वास्थ्य ही सर्वोपरि है तो वह सिगरेटों की बिक्री कैसे कर सकती है? फरवरी 2014 में सी.वी.एस. ने निर्णय लिया कि वह अपनी 7,800 दुकानों में तंबाकू से जुड़े उत्पादों की बिक्री बंद कर देगी। कंपनी का यह निर्णय उसे सालाना 2 अरब डॉलर से अधिक के राजस्व की हानि के रूप में प्रभावित करने वाला था।

प्रारंभ में उसके शेयरों की कीमत गिर गई और वॉल स्ट्रीट के विश्लेषक भी अधिक प्रसन्न नहीं थे; परंतु डेढ़ वर्ष बाद उसके शेयरों की कीमत वह महत्त्वपूर्ण निर्णय लेने से पहलेवाली कीमत से दो गुना अधिक हो गई। नैतिक कंपनियों ने उसके साथ भागीदारी करने का निर्णय लिया और कंपनी ने सिगरेटों की बिक्री रोकने से होनेवाले घाटे से अधिक धन अर्जित कर लिया। नैतिक मानकों को लागू करने के लिए नियमों की अपेक्षा साहस की अधिक

प्रारंभ में उसके शेयरों की कीमत गिर गई और वॉल स्ट्रीट के विश्लेषक भी अधिक प्रसन्न नहीं थे; परंतु डेढ़ वर्ष बाद उसके शेयरों की कीमत वह महत्त्वपूर्ण निर्णय लेने से पहलेवाली कीमत से दो गुना अधिक हो गई। नैतिक कंपनियों ने उसके साथ भागीदारी करने का निर्णय लिया और कंपनी ने सिगरेटों की बिक्री रोकने से होनेवाले घाटे से अधिक धन अर्जित कर लिया।

आवश्यकता होती है। कोई निर्णय लेने और अपनी मनोदशा को बदलने के लिए आप साहस कैसे प्राप्त कर सकते हैं? आप खुद को नींद से जगानेवाले घातक अनुभव की प्रतीक्षा कीजिए और अपने आपको परिवर्तन की दिशा में अग्रसर कीजिए। अधिकतर लोग इसी तरह बदलते हैं। त्रासदी, परिस्थितियाँ अथवा ईश्वरीय हस्तक्षेप आपको चीजों को दूसरे नजरिए से देखने हेतु तात्कालिक प्रतिक्रिया करती हैं।

फिल्म 'अल्टीमेट गिफ्ट' में एक अरबपति का भ्रष्ट पौत्र, जिसने अपने अतिरिक्त किसी अन्य के बारे में कभी नहीं सोचा था, अब अपने दादाजी की वसीयत के माध्यम से जीवन के अन्य पक्ष को देखने हेतु विवश हो गया। वह किसी नन्ही लड़की को कैंसर से जूझते और उसकी माँ को उसके इलाज के लिए संसाधन जुटाने हेतु संघर्ष करते देखता है।

फिल्म 'अल्टीमेट गिफ्ट' में एक अरबपति का भ्रष्ट पौत्र, जिसने अपने अतिरिक्त किसी अन्य के बारे में कभी नहीं सोचा था, अब अपने दादाजी की वसीयत के माध्यम से जीवन के अन्य पक्ष को देखने हेतु विवश हो गया। वह किसी नन्ही लड़की को कैंसर से जूझते और उसकी माँ को उसके. इलाज के लिए संसाधन जुटाने हेतु संघर्ष करते देखता है। उसका रवैया बदल जाता है। वह एक उच्चतर उद्‌देश्य स्वीकार करने का निर्णय लेता है और अपनी 1 अरब डॉलर की संपत्ति को एक ट्रस्ट के निर्माण में लगा देता है, जो कैंसर से पीड़ित बच्चों के कल्याण हेतु काम करेगा। उसी क्षण उसे उसके दादाजी की संपूर्ण दौलत विरासत में प्राप्त हो जाती है!

विकल्पत: आप खुद को प्रेरित करनेवाला कोई अन्य उद्‌देश्य खोज सकते हैं। इसके बाद आप अपने आसपास समान विचारोंवाले लोगों का

घेरा बनाइए और आप अपने सपनों को अपनी आँखों के सामने साकार होते हुए देखेंगे। वर्ष 2013 में 'बीट्स' कंपनी के दो संस्थापक आंद्रे यंग, जिन्हें लोग लोकप्रिय रूप से 'डॉ. ड्रे' के नाम से जानते थे और जिम्मी लोवाइन स्टीव जॉब्स के पास गए, जिनका वे बहुत आदर करते थे। उन दोनों ने उनसे पूछा कि उन्हें जॉब्स जैसे अनेक लोग कहाँ मिल सकते हैं, जो कला, प्रौद्योगिकी एवं विशाल कारोबार के स्वामी हों? स्टीव जॉब्स ने उन्हें एक ऐसा पाठ्यक्रम शुरू करने के लिए कहा, जिसमें ये तीनों धाराएँ शामिल हों। उन दोनों में से प्रत्येक ने साउथ कैलिफोर्निया विश्वविद्यालय को कला, प्रौद्योगिकी एवं व्यापार अभिनवन हेतु एकेडमी स्थापित करने के लिए 3.5 करोड़ डॉलर का दान दिया। एक वर्ष बाद कंप्यूटर निर्माता कंपनी 'एप्पल' ने 'बीट्स' को अधिगृहीत कर लिया और दोनों भागीदारों में से प्रत्येक को 1.5 अरब डॉलर की राशि प्राप्त हुई।

स्टीव जॉब्स ने उन्हें एक ऐसा पाठ्यक्रम शुरू करने के लिए कहा, जिसमें ये तीनों धाराएँ शामिल हों। उन दोनों में से प्रत्येक ने साउथ कैलिफोर्निया विश्वविद्यालय को कला, प्रौद्योगिकी एवं व्यापार अभिनवन हेतु एकेडमी स्थापित करने के लिए 3.5 करोड़ डॉलर का दान दिया।

साधारण लोगों के पास केवल निजी लाभ एवं खुशियाँ देखने की संकुचित दृष्टि होती है। वे लोग मैं, मेरे और मेरे लिए से आगे बढ़कर कोई चीज देख ही नहीं सकते हैं। वे लोग व्यक्तिगत उन्नयन एवं आनंद की इच्छा से प्रेरित होते हैं, उन्हें सीमित लाभ प्राप्त होता है। अन्य सभी स्वार्थी लोगों की भाँति वे अप्रसन्न होते हैं और उनकी दशा दयनीय होती है और वे जीवन भर इसी तनाव से ग्रस्त रहते हैं। महान् नेताओं के पास एक दृष्टि होती है। उनके पास स्वार्थी, आत्म-केंद्रित हितों के आगे

जाकर देखने का एक लक्ष्य एवं आदर्श होता है। वे उच्चतर कार्यों एवं निस्स्वार्थ उद्देश्यों को गले लगाते हैं। ये वे लोग होते हैं, जो सफलता प्राप्त करते हैं। उन्हें इससे कोई फर्क नहीं पड़ता कि संसार उन्हें क्या देता है। वे हमेशा खुश रहते हैं और आगे चलकर एक शिखर व्यक्तित्व के रूप में उभरते हैं।

आप अपने स्वधर्म, अपनी प्रतिभा, स्वभाव एवं उन विशेष गुणों को पहचानिए, जिनके साथ आपने जन्म लिया था। अपने जुनून को मान्यता दें और उस क्षेत्र में अपनी ऊर्जा का निवेश करें। अधिकतर लोग सोचते हैं कि वे व्यवसाय में अधिक धन कमा सकते हैं, इसलिए वे कारोबार का चयन करते हैं। आप ऐसे क्षेत्र का चयन कैसे कर सकते हैं, जिसका आपके स्वभाव से कोई तालमेल न हो और जिसमें न तो आपकी कोई रुचि है और न ही योग्यता? डॉन ब्रैडमैन यदि क्रिकेट के बजाय संगीत का चयन करते तो उसमें विफल रहते। यदि राफेल नडाल ने कारोबारी बनने के बारे में सोचा होता तो दुनिया संभवत: एक उत्कृष्ट टेनिस खिलाड़ी से वंचित रह जाती और यह भी संभव था कि शायद वह व्यापार में सफल नहीं होते। यदि ए.आर. रहमान ने संगीत के बजाय किसी इंजीनियरिंग कॉलेज में प्रवेश लिया होता तो वह साधारणता के दलदल में फँस जाते। आज वह दुनिया में इसलिए मशहूर हैं, क्योंकि उन्होंने अपनी चाहत का क्षेत्र चुना। अल्बर्ट आइंस्टीन ने लिखा था—"प्रत्येक व्यक्ति प्रतिभावान् है; लेकिन

आप अपने स्वधर्म, अपनी प्रतिभा, स्वभाव एवं उन विशेष गुणों को पहचानिए, जिनके साथ आपने जन्म लिया था। अपने जुनून को मान्यता दें और उस क्षेत्र में अपनी ऊर्जा का निवेश करें। अधिकतर लोग सोचते हैं कि वे व्यवसाय में अधिक धन कमा सकते हैं, इसलिए वे कारोबार का चयन करते हैं।

यदि आप किसी मछली को उसके पेड़ पर चढ़ने की योग्यता से आँकेंगे तो वह अपना संपूर्ण जीवन यही मानते हुए गुजार देगी कि वह मूर्ख है।"

आप अपने स्वधर्म के क्षेत्र में कोई उच्चतर लक्ष्य निर्धारित कीजिए। यह आय का ही विचार है, जो आपकी सफलता के मार्ग में आता है। अपने बारे में किस प्रकार न सोचें? आप अपने से आगे जाकर कुछ सोचें। नियम है कि 'जैसा आप सोचते हैं, वैसे ही आप बनते हैं।' अभी तक आपने केवल अपने बारे में सोचा; अपने निजी शरीर, मन एवं बुद्धि के बारे में सोचा, इसलिए आप सीमित, प्रतिबंधित एवं लघुतम व्यक्ति बनकर रह गए। कोई उच्चतर लक्ष्य निर्धारित कीजिए, कोई उत्कृष्टतम उद्देश्य सुनिश्चित कीजिए। ऐसा लक्ष्य, जो व्यक्तिगत की बजाय सामूहिक हो, जो एक विस्तारित दृष्टि से समर्थित हो, न कि आप चीजों को संकुचित दृष्टि से देखें।

आप अपने स्वधर्म के क्षेत्र में कोई उच्चतर लक्ष्य निर्धारित कीजिए। यह आय का ही विचार है, जो आपकी सफलता के मार्ग में आता है। अपने बारे में किस प्रकार न सोचें? आप अपने से आगे जाकर कुछ सोचें। नियम है कि 'जैसा आप सोचते हैं, वैसे ही आप बनते हैं।'

मानव शरीर किसी कार के इंजन की तरह है। आप जितना अधिक कार्य करेंगे, उतनी अधिक ऊर्जा का सृजन करेंगे। कठोर परिश्रम कीजिए, लक्ष्य के प्रति संपूर्ण हृदय से काम कीजिए। आप जो कार्य कर रहे हैं, उससे प्रेम कीजिए। अपने संपूर्ण अस्तित्व के साथ उसके प्रति समर्पित हो जाइए। आप अपने लक्ष्य के प्रति जितना अधिक समर्पित होकर कार्य करेंगे, उतनी ही अधिक ऊर्जा का उत्पादन करेंगे। आपने अपने लिए जो लक्ष्य निर्धारित किया है, अपने समस्त कृत्यों को अपने निर्धारित उद्देश्यों की दिशा में मोड़ दीजिए। एक ही दिशा में बहनेवाला जल विद्युत् शक्ति का सृजन करता है। एक ही

दिशा में चलनेवाली हवा ऊर्जा पैदा करती है। इसी प्रकार, एक ही लक्ष्य के प्रति निर्देशित विचार ऊर्जा का सृजन करता है। आपका लक्ष्य जितना अधिक ऊँचा होता है, आप उतनी अधिक ऊर्जा उत्पन्न करते हैं।

आप अपनी इस ऊर्जा को अतीत की चिंता करने, भविष्य के प्रति व्याकुल महसूस करने तथा वर्तमान में पागल होने में नष्ट मत कीजिए। अपने वर्तमान कर्म पर अपना ध्यान केंद्रित कीजिए। अपनी बुद्धि को अतीत की निरर्थक चिंताओं या भविष्य की व्यग्रता में चक्कर काटने देने के बजाय वर्तमान कार्य के प्रति मन को निर्देशित करने दीजिए। इसके बाद आप वह सफलता प्राप्त करेंगे, जिसके बारे में कभी न्यूनतम कल्पना भी नहीं की होगी! आप अपनी उपलब्धि से प्रसन्न होंगे। नियम भी यही है कि सभी स्वार्थी लोग हमेशा अप्रसन्न रहते हैं। सबसे महत्त्वपूर्ण बात यह है कि आपकी इच्छाएँ घट जाएँगी। आप अपनी क्षमता के साथ आगे बढ़ेंगे।

निस्स्वार्थ कर्म ही सर्वोत्कृष्ट गुणवत्तावाला कर्म होता है, जिसमें न तो आप खुद को लाभान्वित करने की इच्छा से प्रेरित होते हैं और न ही दूसरों के लिए कार्य करने की इच्छा से प्रेरित होते हैं। आपके पास केवल एक लक्ष्य है और वह है—ज्ञानोदय या आत्मबोध। कोई स्त्री पूजा के लिए प्रसाद बनाती है और वह अत्यंत स्वादिष्ट बन जाता है।

निस्स्वार्थ कर्म ही सर्वोत्कृष्ट गुणवत्तावाला कर्म होता है, जिसमें न तो आप खुद को लाभान्वित करने की इच्छा से प्रेरित होते हैं और न ही दूसरों के लिए कार्य करने की इच्छा से प्रेरित होते हैं। आपके पास केवल एक लक्ष्य है और वह है—ज्ञानोदय या आत्मबोध। कोई स्त्री पूजा के लिए प्रसाद बनाती है और वह अत्यंत स्वादिष्ट बन जाता है। कुछ दिनों बाद उसके बच्चे उसे दोबारा बनाने के लिए कहते हैं। वही स्त्री दोबारा

उन्हीं सामग्रियों के साथ वही चीज बनाती है। इस बार वह पहले जितना स्वादिष्ट नहीं है। पूजावाले दिन उसने उसे ईश्वर के लिए बनाया था। दूसरी बार बनाए जाते समय उसमें से वह महत्त्वपूर्ण तत्त्व गायब था।

'चैरिअट्स ऑफ फायर' (अग्नि रथ) एक ऐसी ऐतिहासिक फिल्म है, जो ग्रेट ब्रिटेन एवं उत्तरी आयरलैंड के दो खिलाड़ियों की सच्ची कहानी पर आधारित है। सन् 1924 के ओलंपिक खेलों में एरिक लिडेल नामक एक स्कॉटलैंड निवासी धर्मपरायण यहूदी ईश्वर की खुशी के लिए दौड़ता है और एक अंग्रेज यहूदी हैरोल्ड अब्राहम अपने पूर्वग्रह से मुक्ति पाने के लिए दौड़ता है। 400 मीटर की दौड़ में 'फ्लाइंग स्कॉट्समैन' के नाम से विख्यात लिडेल ने कहा, "पहले 200 मीटर तक मैं अपनी यथासंभव तीव्रता से दौड़ा और अगले 200 मीटर तक मैं ईश्वर की सहायता से और अधिक मजबूती के साथ दौड़ा।" लिडेल का 47.6 सेकंड का समय एक ऐसा ओलंपिक रिकॉर्ड बन गया, जो बर्लिन ओलंपिक 1936 तक बना रहा।

उत्तमोत्तम दृष्टिवाला कोई भी व्यक्ति चमत्कारिक उपलब्धियों और असीम आनंद का लक्ष्य प्राप्त करता है।

□

13

श्रद्धा का मार्ग

⁂

इच्छा को घटाने का दूसरा मार्ग मन के माध्यम से प्यार तक जाता है। आज आपका प्यार केवल आप तक या शायद आपके तात्कालिक परिवार तक सीमित है। अपने प्रेम को दूसरों तक फैलाइए। अपने विस्तारित परिवार में समाज, अपने देशवासियों एवं सारी दुनिया को शामिल कीजिए और अपने प्रेम के क्षेत्र का विस्तार कीजिए। उनके लिए अच्छा महसूस कीजिए, उनके प्रति आग्रही बनिए। अपने पाँव को उनके जूतों में डालिए, अर्थात् उनसे अपनापन दिखाइए। उनके प्रति समानुभूति रखिए।

क्या आप कभी इस बात से चकित हुए कि आपका विवाद उन्हीं लोगों से क्यों होता है, जिनसे आप सर्वाधिक प्रेम करते हैं? ऐसा क्यों होता है कि शराब और गुलाब के दिन शीघ्र ही चीख-पुकार और संदेह के दिनों में बदल जाते हैं। ऐसा आसक्ति के कारण होता है। प्रेम और स्वार्थपरकता के योग को 'आसक्ति' कहते हैं। आज आप जो प्रेम महसूस करते हैं, वह आपकी स्वार्थपरकता से दागी है। यह किसी लाभ की शर्त पर है। आप अपने प्रियजनों से अपेक्षाएँ रखते हैं। आप उनके सम्मुख अपनी माँग रखते हैं। जब वे अपेक्षाएँ एवं माँगें पूरी नहीं होती

हैं तो आप नाराज हो जाते हैं और आपके संबंधों में तनाव, क्षीणता एवं सौहार्द की कमी हो जाती है।

श्रीमद्भगवद्गीता अनासक्ति के गुणों की सराहना करती है। अनासक्ति का अर्थ शारीरिक अलगाव नहीं, बल्कि मन की एक दशा है। अनासक्ति निस्स्वार्थता है, जो आत्मनिर्भरता से आती है। यदि किसी व्यक्ति का पैर टूट गया है और वह अपने पाँवों पर चलने में असमर्थ है तो उसे किसी बैसाखी की आवश्यकता होगी। अन्य व्यक्ति अपने पैरों पर खड़े होने में सक्षम हो सकता है; परंतु उसे किसी दीवार के सहारे पीठ टिकाकर खड़े होने में सुख मिलता है। आसक्ति की अवस्था वह होती है, जब आप किसी लता के समान हो जाते हैं और दूसरों से लिपटे रहना चाहते हैं और अपने आप जीने का सामर्थ्य खो देते हैं, आपको अपने परिवार एवं मित्रों के सहारे की आवश्यकता पड़ती है। जब आप अपनी आंतरिक शक्ति अर्जित करके आत्मनिर्भर बन जाते हैं तो आपको अन्य लोगों के सहारे झूलने की आवश्यकता नहीं रह जाती है; लेकिन आपके पास विभिन्न क्षेत्रों के लोगों के साथ अद्भुत संबंध स्थापित करने की सुविधा है।

श्रीमद्भगवद्गीता अनासक्ति के गुणों की सराहना करती है। अनासक्ति का अर्थ शारीरिक अलगाव नहीं, बल्कि मन की एक दशा है। अनासक्ति निस्स्वार्थता है, जो आत्मनिर्भरता से आती है। यदि किसी व्यक्ति का पैर टूट गया है और वह अपने पाँवों पर चलने में असमर्थ है तो उसे किसी बैसाखी की आवश्यकता होगी।

समूची दुनिया ही अलगाववादिता की भावनाओं में जकड़ी हुई है। वह प्रतियोगिता, एकनिष्ठता एवं असहमति को बढ़ावा देती है। यह प्रवृत्ति लोगों के साथ मेल-जोल बढ़ाने में आपको असहिष्णुता एवं

असमर्थता की ओर ले जाती है, क्योंकि आपका दृष्टिकोण अपनी बात मनवाने पर जाकर टिक जाता है। विडंबनात्मक रूप से यही वे लोग होते हैं, जो दूसरों पर सर्वाधिक निर्भर होते हैं; फिर भी उनके अंदर दीर्घकालिक संबंधों के निर्माण एवं उनके पोषण की योग्यता का अभाव होता है और ऐसे लोगों का जीवन एकाकी तथा दयनीय हो जाता है।

श्रीमद्‍भगवद्‍गीता आपके चलने के लिए अपनेपन का मार्ग दिखाती है। वह सहयोग, समानता एवं प्रेम के विकास में सहायता करता है। प्रतियोगिता से उत्पन्न हुए मनोविकार को प्रेम की शांत एवं स्थिर शक्ति के माध्यम से दूर किया जा सकता है। जब आपके मन में किसी के प्रति प्रेम होता है तो आप दूसरों में अच्छाइयाँ देखते हैं। आप खुद को उनकी अच्छाइयों से जोड़ लेते हैं। इसके बदले में वे आपको अपना सर्वोत्तम योगदान देते हैं। प्रत्येक व्यक्ति आपको आगे बढ़ाने में अपना सर्वोत्तम योगदान करता है और आप जादुई परिणाम प्राप्त करते हैं।

श्रीमद्‍भगवद्‍गीता आपके चलने के लिए अपनेपन का मार्ग दिखाती है। वह सहयोग, समानता एवं प्रेम के विकास में सहायता करता है। प्रतियोगिता से उत्पन्न हुए मनोविकार को प्रेम की शांत एवं स्थिर शक्ति के माध्यम से दूर किया जा सकता है। जब आपके मन में किसी के प्रति प्रेम होता है तो आप दूसरों में अच्छाइयाँ देखते हैं।

विलियम कूपर द्वारा लिखित 'कोयल और जुगनू' नामक कविता में एक कोयल सारा दिन गाती है और जब शाम ढलने लगती है तो उसे बहुत तेज भूख सताने लगती है। वह अँधेरे में एक जुगनू को देखती है। जैसे ही कोयल उसके ऊपर झपट्टा मारकर उसे खाने को उद्यत होती है, तभी जुगनू को महसूस होता है कि यह क्या हो रहा है। वह कोयल को

संबोधित करते हुए कहता है—

'क्या तुम मेरे प्रकाश की प्रशंसा करती हो? उसने पूछा,
'जितनी कि मैं तुम्हारे गाने की करता हूँ!
तुम मुझे तुच्छ समझकर मेरे साथ गलत कर सकती हो,
जितना कि मैं तुम्हारे गीत को क्षति पहुँचा सकता हूँ,
चूँकि एक समान दैवी शक्ति ने
तुम्हें गाना और मुझे चमकना सिखाया है,
तुम अपने संगीत के साथ और मैं अपने प्रकाश के साथ
शायद रात को सुंदर बनाकर उसका आनंद ले सकते हैं।'
कोयल ने जुगनू को छोड़ दिया!

जब आप अपनापन महसूस करते हैं तो किसी से असुरक्षित या भयभीत महसूस नहीं करते हैं। आप बाहर किसी शत्रु की कल्पना नहीं करते हैं और अपनी रक्षा के लिए शून्य में लोगों पर चाबुक फटकारने की कोशिश नहीं करते हैं। जब आप भारत में वाहन चलाते समय यातायात नियमों का उल्लंघन करते हुए किसी सिपाही द्वारा पकड़ लिये जाते हैं तो उसके साथ झगड़ा नहीं करते हैं। आप उससे डरे हुए नहीं होते हैं। लेकिन जब आपको तेज रफ्तार से गाड़ी चलाने के लिए न्यूयॉर्क में कोई

जब आप अपनापन महसूस करते हैं तो किसी से असुरक्षित या भयभीत महसूस नहीं करते हैं। आप बाहर किसी शत्रु की कल्पना नहीं करते हैं और अपनी रक्षा के लिए शून्य में लोगों पर चाबुक फटकारने की कोशिश नहीं करते हैं। जब आप भारत में वाहन चलाते समय यातायात नियमों का उल्लंघन करते हुए किसी सिपाही द्वारा पकड़ लिये जाते हैं तो उसके साथ झगड़ा नहीं करते हैं।

सिपाही रोक लेता है तो आप उससे भयभीत हो जाते हैं, क्योंकि आपके मन में उसके प्रति अपनेपन की भावना नहीं है। आपके ऊपर निगरानी रखी जाती है। आप भयभीत होते हैं और गलत बातें करते हैं।

प्रेम नीरसता को मनोरंजन में परिवर्तित कर देता है। जब आपके हाथ में कोई कठिन काम होता है और आप उसे अपने मित्रों के साथ मिलकर करते हैं तो कार्य उत्साह एवं आनंद के वातावरण में पूरा हो जाता है। उसी काम को यदि आप अकेले करेंगे तो वह आपको कष्टदायी लगेगा।

1950 एवं 60 के दशक में सारा भोजन घर में ही बनाया जाता था, जिसमें पापड़ एवं अचार बनाने जैसी वस्तुएँ भी शामिल होती थीं। गरमियों की छुट्टियों में पापड़ निर्माण मुख्य आकर्षण होता था, जब समुदाय की स्त्रियाँ अपनेपन एवं मित्रता की भावना से हँसते-गाते हुए बड़े मजे से पापड़ बनाती थीं। उस काम में बच्चे-बूढ़े सभी लोग शामिल होते थे और हरेक को पूरा करने के लिए कोई विशेष कार्य सौंपा जाता था। जब अपनेपन की भावना मर गई तो पापड़ निर्माण का काम भी बंद हो गया और अब आपको उसे दुकान से खरीदना पड़ता है।

1950 एवं 60 के दशक में सारा भोजन घर में ही बनाया जाता था, जिसमें पापड़ एवं अचार बनाने जैसी वस्तुएँ भी शामिल होती थीं। गरमियों की छुट्टियों में पापड़ निर्माण मुख्य आकर्षण होता था, जब समुदाय की स्त्रियाँ अपनेपन एवं मित्रता की भावना से हँसते-गाते हुए बड़े मजे से पापड़ बनाती थीं। उस काम में बच्चे-बूढ़े सभी लोग शामिल होते थे और हरेक को पूरा करने के लिए कोई विशेष कार्य सौंपा जाता था।

किसी परिवार में विवाह समारोह बड़ी आनंददायक घटना होती

थी। वैवाहिक कार्यक्रम की योजना बनानेवाले, संगीत कार्यक्रम में नाचनेवाले, विवाह की तैयारी करनेवाले और सभी योजनाओं को लागू करनेवाले सभी लोग एक विस्तारित परिवार का अंग होते थे। यद्यपि वह कार्य कठिन होता था, फिर भी उसे एकता की भावना से किया जाता था, जिससे वह अवसर अविस्मरणीय बन जाता था। जब वह भावना लुप्त हो गई तो हर चीज व्यावसायिक बन गई।

अपनेपन की भावना के साथ आप सफलता प्राप्त करते हैं, क्योंकि आप ऐसे लोगों की टीम बनाने में सक्षम हैं, जो अपने निजी दायित्व से आगे जाकर कार्य को साझा लक्ष्य मानते हुए उसे हर हाल में पूरा करने का प्रयास करते हैं। आपकी खुशी कई गुना बढ़ जाती है। आज आप केवल तभी प्रफुल्लित होते हैं, जब आपके साथ कोई अच्छी चीज होती है। जब आपका पड़ोसी कोई बड़ा ठेका हासिल कर लेता है या नई कार खरीदता है तो आप सकारात्मक रूप से नाखुश हो जाते हैं। अपने पड़ोसी के साथ अपनेपन की भावना रखिए। उसे सफलता पाने के लिए कड़ी मेहनत करनी पड़ती है और आप उसे अपनी उपलब्धि मानकर उसका उत्सव मनाएँ! जब आप अपनी इच्छाओं पर दूसरों की इच्छाओं को वरीयता देते हैं तो आपकी इच्छाएँ अपने आप घट जाती हैं।

> ***अपनेपन की भावना के साथ आप सफलता प्राप्त करते हैं, क्योंकि आप ऐसे लोगों की टीम बनाने में सक्षम हैं, जो अपने निजी दायित्व से आगे जाकर कार्य को साझा लक्ष्य मानते हुए उसे हर हाल में पूरा करने का प्रयास करते हैं। आपकी खुशी कई गुना बढ़ जाती है। आज आप केवल तभी प्रफुल्लित होते हैं, जब आपके साथ कोई अच्छी चीज होती है।***

उच्चतम दशा वह होती है, जब आपका प्रेम मानवमात्र से हटकर

ईश्वर के प्रति प्रेम में परिवर्तित हो जाता है। आप उस शक्ति का एक प्रतीक चुनते हैं और अपने सारे प्रेम को उसी उच्चतर इकाई की ओर मोड़ देते हैं। ईश्वरीय शक्ति द्वारा आपके ऊपर कृपा एवं धन-धान्य की जो वर्षा की गई है, आप उससे परिचित हैं। आप उस शक्ति के प्रति कृतज्ञता के भाव से भरे हुए हैं और उसके समक्ष आत्मसमर्पण कर देते हैं। यही श्रद्धा है।

श्रीमद्भगवद्गीता आपको श्रद्धा की शक्ति को ग्रहण करने हेतु आमंत्रित करती है। वह आपको एक व्यापकता का अनुभव करने की ओर ले जाती है, जो अपनी नन्ही निजता के बजाय समग्रता के ज्ञान से आती है। वह आपको अवसाद की सघन अवस्था से निकालकर सरोकार, समझ एवं सम्मान की ओर ले जाती है। आप एकांत एवं अकेलेपन की भावनाओं से निकलकर संवाद के संसार में आ जाते हैं और अंततः आपका प्रेम ईश्वर से हो जाता है। आप ईश्वर बन जाते हैं!

श्रीमद्भगवद्गीता आपको श्रद्धा की शक्ति को ग्रहण करने हेतु आमंत्रित करती है। वह आपको एक व्यापकता का अनुभव करने की ओर ले जाती है, जो अपनी नन्ही निजता के बजाय समग्रता के ज्ञान से आती है। वह आपको अवसाद की सघन अवस्था से निकालकर सरोकार, समझ एवं सम्मान की ओर ले जाती है।

जब आप शरीर-केंद्रित होते हैं तो आपको अधिकतम मतभेद दिखाई देते हैं। आप लोगों के प्रति ईर्ष्या की भावना रखने लगते हैं। आपको अपने परिवार के सदस्यों सहित प्रत्येक व्यक्ति अपना प्रतिद्वंद्वी दिखाई देता है। जब आप मन से पहचानना प्रारंभ करते हैं तो आपके मन में परिवार के प्रति एकता दिखाई देती है। घर में रहना अच्छा लगता है, जहाँ आपके ऊपर कोई निगरानी नहीं की जाती है। इससे भी बड़ी

बात यह कि जब आपके परिवार का सदस्य कोई अच्छा कार्य करता है तो आप ऐसे महसूस करते हैं, मानो वह आपकी ही उपलब्धि हो।

आप बुद्धि से पहचानना प्रारंभ करेंगे तो आपके अपनेपन का विस्तार होगा। यदि आप देश के प्रति समर्पित हैं तो सारे देशवासी आपके अपने बन जाएँगे। आप भाषाओं, परंपराओं, भोजन एवं विभिन्न समुदायों की विशेषताओं की विविधता का आनंद लेते हैं, चाहे वे बंगाली, पंजाबी, गुजराती, तमिल या मलयाली ही क्यों न हों। आप दुनिया में किसी भी भारतीय की उपलब्धियों को अपनी उपलब्धि मानकर उत्सव मनाते हैं। इस प्रकार, आपकी प्रसन्नता में 1.3 अरब गुना वृद्धि हो जाती है! अंतरराष्ट्रीय स्तर पर विविधता आपके लिए एक स्पर्श करने योग्य लक्ष्य बन जाती है और आप उसे पाने के लिए लालायित रहते हैं। हम विभिन्न संस्कृतियों के व्यंजनों का स्वाद लेते हैं, उनके तौर-तरीकों को अपनाते हैं और विविधता का आनंद लेते हैं। समस्त संसार के साथ अपनी एकता महसूस कीजिए, आपकी खुशियाँ खरबों गुना बढ़ जाती हैं।

> ***आप बुद्धि से पहचानना प्रारंभ करेंगे तो आपके अपनेपन का विस्तार होगा। यदि आप देश के प्रति समर्पित हैं तो सारे देशवासी आपके अपने बन जाएँगे। आप भाषाओं, परंपराओं, भोजन एवं विभिन्न समुदायों की विशेषताओं की विविधता का आनंद लेते हैं, चाहे वे बंगाली, पंजाबी, गुजराती, तमिल या मलयाली ही क्यों न हों।***

किसी जमाने में एक राजा हुआ करता था। उसने अपने लिए एक ऐसे कक्ष का निर्माण करवाया था, जिसके अंदर फर्श, छत, दीवारों और यहाँ तक कि उसके चारों कोनों में भी शीशे लगे हुए थे। वह अपने दरबार में जाने से पहले उस कमरे में यह सुनिश्चित करने के

लिए प्रवेश करता था कि उसकी वेशभूषा देखने योग्य है या नहीं। उस कक्ष में केवल राजा ही प्रवेश कर सकता था। किसी अन्य कर्मचारी या अधिकारी को उस कक्ष में जाने की अनुमति नहीं थी। एक बार राजा के कमरे से बाहर निकलने के बाद उसका सेवक कमरे का दरवाजा बंद करना भूल गया। महल का एकमात्र राजसी कुत्ता उस शीशेवाले कमरे में प्रवेश कर गया। वह शीशे में अनेक कुत्तों को देखकर स्तंभित रह गया। उसने खुद को भयभीत महसूस किया और शीशे में दिखाई देनेवाले कुत्तों पर भौंकने लगा। उसे भयभीत करने के लिए उसकी आकृति रूपी कुत्तों ने उसके ऊपर भौंकना शुरू कर दिया। वह उन्हें देखकर जोर से गुर्राने और उन पर गरजने लगा। अन्य कुत्तों ने भी वैसी ही प्रतिक्रिया दी। अंत में, उसने शीशे में दिखाई देनेवाले कुत्तों पर आक्रमण कर दिया। इस बीच राजा भी अपने दरबार से वापस लौट चुका था। उसने राजसी कुत्ते को खून से लथपथ और फर्श पर मरा हुआ पाया। यह घटना हमें यह संदेश देती है कि किसी राजा की तरह जियो, किसी कुत्ते की तरह नहीं!

एक बार राजा के कमरे से बाहर निकलने के बाद उसका सेवक कमरे का दरवाजा बंद करना भूल गया। महल का एकमात्र राजसी कुत्ता उस शीशेवाले कमरे में प्रवेश कर गया। वह शीशे में अनेक कुत्तों को देखकर स्तंभित रह गया। उसने खुद को भयभीत महसूस किया और शीशे में दिखाई देनेवाले कुत्तों पर भौंकने लगा।

यदि आप लोगों के ऊपर चिल्लाएँगे तो प्रतिक्रिया में वे भी आपके ऊपर केवल चीखेंगे-चिल्लाएँगे। आप उनके ऊपर आक्रमण करेंगे तो बदले में वे भी आपके ऊपर आक्रमण करेंगे। अपने अंदर राजसी दृष्टि

उत्पन्न कीजिए, जो सभी चीजों को अपने प्रतिबिंब की तरह देखती है, प्रतिद्वंद्वियों की तरह नहीं। आप दूसरों के अंदर अपनी छवि देखिए और उसकी प्रशंसा कीजिए। उन्हें देखकर विस्मित होइए। उन्हें अपने प्रेम की परिधि में शामिल कीजिए।

अंतिम पग आत्मा की ओर बढ़ना है। इसके बाद सभी मतभेद, सभी सीमाएँ समाप्त हो जाएँगी। आप सारी दुनिया को प्रेम से गले लगाइए। 'ईशावास्य उपनिषद्' कहता है—'जो व्यक्ति सभी वस्तुओं में आत्म को देखता है और सभी वस्तुओं को आत्म में देखता है, वह किसी के प्रति घृणा या तिरस्कार का भाव नहीं महसूस करता।' इसके बाद एकात्मता के ऋषि की दृष्टि में कोई दुःख या भ्रम कहाँ रह जाता है ? आप प्रत्येक स्थान पर दैवत्व के दर्शन कीजिए और उसके साथ एकाकार हो जाइए।

अंतिम पग आत्मा की ओर बढ़ना है। इसके बाद सभी मतभेद, सभी सीमाएँ समाप्त हो जाएँगी। आप सारी दुनिया को प्रेम से गले लगाइए। 'ईशावास्य उपनिषद्' कहता है—'जो व्यक्ति सभी वस्तुओं में आत्म को देखता है और सभी वस्तुओं को आत्म में देखता है, वह किसी के प्रति घृणा या तिरस्कार का भाव नहीं महसूस करता।'

जब किसी प्रिज्म (समपार्श्व) के बीच से होकर कोई श्वेत प्रकाश गुजरता है तो वह सात भिन्न एवं विशिष्ट रंगों में परिवर्तित हो जाता है। आप उन रंगों की विविधता का आनंद लीजिए; परंतु इस तथ्य को अवश्य जान लीजिए कि वे सभी रंग सफेद प्रकाश की एक किरण से उत्पन्न हुए हैं। इसी प्रकार, आप जगत् को अपने शरीर के प्रिज्म एवं उसकी प्राथमिकताओं से देखते हैं, मन उसे अपने

प्रेम व घृणा से तथा बुद्धि अपने मतभेदों एवं पूर्वग्रहों के माध्यम से देखती है। इन सभी तीव्र विरोधाभासों को घटाइए, प्रिज्म एक पतली परत बन जाएगी। इसके बाद आप हर जगह अस्तित्वों की विविधता में एकता के दर्शन करेंगे। आप घृणा, दुःख एवं भ्रांतियों से मुक्त हो जाएँगे। आप हर समय परमानंद की दशा में होंगे। आपका आत्मा के साथ सम्मिलन हो जाएगा।

□

14

ज्ञान का मार्ग

अज्ञानता के विष का एकमात्र उपचार ज्ञान है। संपूर्ण मानवता अज्ञानता से आच्छादित है। आपको इस बात का कोई ज्ञान नहीं है कि आप कहाँ से आए थे और संसार में अपने अस्थायी निवास की समाप्ति के पश्चात् आप कहाँ जाएँगे! आप तो यह भी नहीं जानते कि आप संसार से विदा लेने के बाद कहाँ के लिए प्रस्थान करेंगे! आप नहीं जानते कि आपके अस्तित्व का उद्देश्य क्या है। आपको इस बात का कोई सुराग नहीं है कि आप किस प्रकार जिएँ कि आपको वांछित वस्तु प्राप्त हो जाए। आप प्रसन्न रहने का प्रयास कर रहे हैं। आप नहीं जानते कि वह प्रसन्नता कहाँ छिपी हुई है और उसे कैसे प्राप्त करना है। फिर भी आप स्वयं को बुद्धिमान के रूप में प्रदर्शित करते हैं।

यदि आपको किसी अँधेरे सुसज्जित कक्ष में अपनी घड़ी खोजनी है तो अनजाने में ही आपका घुटना किसी फर्नीचर से टकरा जाएगा, आप किसी चीज पर गिर पड़ेंगे और वहाँ से कोई उड़ती हुई चीज दिखाई देगी। आपको कमरे में दुःखद एवं असुखकर अनुभव होगा, फिर भी आपको वह चीज नहीं मिलेगी, जिसे आप खोज रहे थे। इसलिए आप फर्नीचर को पुनः व्यवस्थित करते हैं, नई वस्तुएँ खरीदते हैं और कुछ चीजें कमरे

से हटा देते हैं। इन सब गतिविधियों के बावजूद आपको कोई सहायता नहीं मिलती है, क्योंकि कमरे में अभी भी अँधेरा है। कुल मिलाकर, आपको प्रकाश की आवश्यकता है। तभी आप कमरे में रखी सभी वस्तुओं को देख पाएँगे और उनमें से अपनी घड़ी खोज लेंगे।

इसी प्रकार, आप अज्ञानता के पूर्ण अंधकार में डूबे संसार में खुशियाँ खोजने का प्रयास कर रहे हैं। समग्रतः आपको खुशियों के कुछेक पल के साथ तनाव एवं दुःख ही प्राप्त होता है। इसलिए आप संसार को पुनः व्यवस्थित करने और उसमें सुधार लाने का प्रयास कीजिए। विज्ञान एवं प्रौद्योगिकी ने हमें संसार को व्यापक रूप से सुधारने में समर्थ बना दिया है, फिर भी समस्याएँ यथावत् बनी हुई हैं। आपको थोड़े से ज्ञान की आवश्यकता है। संसार की प्रकृति का ज्ञान, अपने स्वभाव का ज्ञान एवं संसार के साथ सही संपर्क की तकनीक का ज्ञान प्राप्त करने की आवश्यकता है। आप जिस स्थिति में हैं और जहाँ कहीं हो सकते हैं, वहाँ आपको खुशियाँ ही प्राप्त होंगी।

आप अज्ञानता के पूर्ण अंधकार में डूबे संसार में खुशियाँ खोजने का प्रयास कर रहे हैं। समग्रतः आपको खुशियों के कुछेक पल के साथ तनाव एवं दुःख ही प्राप्त होता है। इसलिए आप संसार को पुनः व्यवस्थित करने और उसमें सुधार लाने का प्रयास कीजिए।

हम संसार को उत्तम स्थान बनाने के लिए वर्षों के अनुसंधान पर अरबों डॉलर खर्च कर रहे हैं। फिर भी, चूँकि इसमें से ज्ञान का महत्त्वपूर्ण भाग लुप्त है, इसलिए आप अरबपतियों को भी अवसाद में पाते हैं। अत्यंत मेधावी वैज्ञानिक एवं अर्थशास्त्री अप्रसन्न दिखाई देते हैं और प्रत्येक व्यक्ति किसी मृगतृष्णा के पीछे भाग रहा होता है।

प्राचीन भारतीय गुरुओं ने इसे समझा और मानव मन को अपने

अनुसंधान का विषय बनाया। उन्होंने हमें ऐसा ज्ञान दिया, जो हमें संसार में सफलता प्राप्त करने योग्य बनाएगा, अपने अंदर खुशियाँ देखने की ओर प्रवृत्त करेगा तथा हमारी क्षमता के अनुसार प्रगति करने में सहायक होगा।

अज्ञानता ही मुख्य समस्या है। आप सफलता चाहते हैं। आपका किया हुआ प्रत्येक कार्य विफलता के परिणाम के रूप में सामने आता है। आप अद्भुत संबंध बनाने का प्रयास करते हैं। आप उन मृदुभाषियों का चयन करते हैं, जो आपके विरुद्ध कार्य करते हैं। यदि आपको कभी कोई सही व्यक्ति मिल भी जाता है तो आप उसके प्रति आसक्त होते हैं और उस पर अंकुश रखने लगते हैं, जिससे आपका संबंध नष्ट हो जाता है। इस प्रकार, आप अपने खुद के बनाए हुए नरक में जाकर गिर जाते हैं।

श्रीमद्भगवद्गीता आपको संसार एवं उसके कार्यकलापों का ज्ञान देती है। वह आपको आईना दिखाती है, ताकि आप खुद को जान सकें और वह आपको संसार के साथ व्यवहार करने की तकनीक भी सिखाती है। इसके बाद जीवन सरल बन जाता है। आपको आपकी वांछित वस्तु अनायास, आसानी से और बिना किसी तनाव के प्राप्त हो जाती है। सबसे महत्त्वपूर्ण बात यह कि आप खुशियाँ प्राप्त कर लेते हैं।

श्रीमद्भगवद्गीता आपको संसार एवं उसके कार्यकलापों का ज्ञान देती है। वह आपको आईना दिखाती है, ताकि आप खुद को जान सकें और वह आपको संसार के साथ व्यवहार करने की तकनीक भी सिखाती है। इसके बाद जीवन सरल बन जाता है। आपको आपकी वांछित वस्तु अनायास, आसानी से और बिना किसी तनाव के प्राप्त हो जाती है।

ज्ञान का अर्थ यह कदापि नहीं है कि आपको वेद, पुराणों या उनकी

विषय-वस्तुओं में प्रवीणता प्राप्त हो, जैसा कि आदि शंकराचार्य इसे नित्य-अनित्य विवेक विचार की संज्ञा देते हैं। यह स्थायी एवं अस्थायी के मध्य भेद का प्रतिबिंबन है। ज्ञान यह समझने की बुद्धिमानी है कि संसार में प्रत्येक चीज नश्वर है और संसार की नश्वर, क्षुद्र वस्तुओं पर निभर रहने में कोई बुद्धिमानी नहीं है। इसके पश्चात् स्थायी की खोज प्रारंभ होती है।

जीव एवं रसायन विज्ञान हमें बताता है कि हमारे शरीर की कोशिकाओं का जीवन क्रम सीमित है। ये कुछ दिनों से लेकर कुछ सप्ताहों या कुछ वर्षों तक जीवित रहती हैं। ये नियमित तौर पर बदलती रहती हैं और हमारा शरीर निरंतर परिवर्तित होता रहता है। फिर भी, हम क्या हैं, इसके प्रति हमारी चेतना समान बनी रहती है।

जीव एवं रसायन विज्ञान हमें बताता है कि हमारे शरीर की कोशिकाओं का जीवन क्रम सीमित है। ये कुछ दिनों से लेकर कुछ सप्ताहों या कुछ वर्षों तक जीवित रहती हैं। ये नियमित तौर पर बदलती रहती हैं और हमारा शरीर निरंतर परिवर्तित होता रहता है। फिर भी, हम क्या हैं, इसके प्रति हमारी चेतना समान बनी रहती है। इसी प्रकार, हमारा मन परिवर्तित होता है। हम जीवन में ज्यों-ज्यों आगे बढ़ते जाते हैं, हमारी भावनाएँ, रुचियाँ, अरुचियाँ और प्रेम एवं घृणा बदलती रहती है। जिस व्यक्ति से आपने कभी प्रेम किया था, वह आपका शत्रु बन जाता है और विलोमत: जिसके साथ कभी आपकी शत्रुता थी, वह आपका मित्र बन जाता है। बुद्धि और उसकी संकल्पनाएँ, विचार एवं विचारधाराएँ भी रूपांतरित होती रहती हैं। कोई कम्युनिस्ट पूँजीपति बन जाता है, आपकी विश्व-दृष्टि परिवर्तित होती रहती है। आपकी सौम्य बुद्धि या अंतरात्मा रूपांतरण के दौर से गुजरती है। जिस चीज को आपने वर्षों पूर्व सही

समझा था, वह वर्तमान में पूर्णतया गलत दिखाई देती है। जब उन्हें पशुओं के साथ होनेवाली क्रूरता का ज्ञान होता है तो उनकी अंतरात्मा जाग उठती है और मांसाहारी लोग शाकाहारी बन जाते हैं। बहरहाल, इन बदलाओं के बावजूद 'मैं' नामक कारक स्थिर एवं समान बना रहता है।

यद्यपि हम वर्षों के चिंतन के बाद अपने शरीर, रुचियों एवं अरुचियों में बदलाव लाते हैं, यह एक अपरिवर्तनीय कारक है, जिसके बारे में हम सोचते हैं कि हमारे अंदर परिवर्तन हो रहा है। वह अपरिवर्तनीय कारक 'मैं' है, जो अन्य अनेक भिन्न कारकों के समान नहीं हो सकता। फिर, यह 'मैं' क्या है? आप कौन हैं?

> ***जीवन में एक भ्रामक पहचान का तत्त्व होता है। आप गलत तरीके से खुद को शरीर, मन और बुद्धि मान बैठते हैं। 'मैं' आपका वास्तविक, अपरिवर्तनीय एवं अमर व्यक्तित्व है। आदि शंकराचार्य आत्मबोध में कहते हैं, 'आत्मा तु स्वत्वं प्राप्तः'—आत्मा आपका वास्तविक स्वत्व 'मैं' है, जो सर्वविदित सत्य है। वह आपको कभी अकेला नहीं छोड़ता है।***

जीवन में एक भ्रामक पहचान का तत्त्व होता है। आप गलत तरीके से खुद को शरीर, मन और बुद्धि मान बैठते हैं। 'मैं' आपका वास्तविक, अपरिवर्तनीय एवं अमर व्यक्तित्व है। आदि शंकराचार्य आत्मबोध में कहते हैं, 'आत्मा तु स्वत्वं प्राप्तः'—आत्मा आपका वास्तविक स्वत्व 'मैं' है, जो सर्वविदित सत्य है। वह आपको कभी अकेला नहीं छोड़ता है। वह कभी आपका परित्याग नहीं करता। वह आपकी वास्तविक पहचान है। जिस भौतिक, भावनात्मक, बौद्धिक पहचान को आपने ओढ़ रखा है, वह एक गलत धारणा है। उसे दूर भगाइए। उसे अच्छी तरह हिलाइए। आप अपनी वास्तविक पहचान पुनः प्राप्त कर लेंगे।

आत्मा क्या है? आप उससे कैसे जुड़ते हैं? रुकिए, सोचिए, प्रतिबिंबित कीजिए। आपने अतीत में अंतिम बार सूर्योदय एवं सूर्यास्त कब देखा था और यह सोचकर चकित हुए थे कि सूर्य को किसने बनाया? पृथ्वी पर जीवन सुनिश्चित करने के लिए सूर्य को किसने और किस चीज ने सही दूरी पर स्थापित किया? पृथ्वी को अपनी धुरी पर सूर्य की सतर्कतापूर्वक परिक्रमा करने के लिए कौन विवश करता है? जीवन का पोषण करनेवाले हृदय की रचना किसने की? प्लीहा, गुर्दों एवं यकृत इत्यादि अंगों का निर्माण किसने किया, जो बिना किसी वार्षिक अनुरक्षण एवं ठहराव के अपनी भूमिकाएँ निरंतर निभाते रहते हैं। इस तरह की अनेक चीजें हैं, जिनके बारे में आप विचार करते रह सकते हैं। संभव है कि आपको इन प्रश्नों के उत्तर ज्ञात न हों, परंतु यही प्रश्न आपको विस्मय, हतप्रभता एवं प्रशंसा की दशा में डाल देते हैं। वह अज्ञात शक्ति ईश्वर, आत्मा है। यह वही समान शक्ति है, जो आपको देखने, सुनने, सूँघने, स्वाद चखने एवं स्पर्श करने हेतु सक्षम बनाती है। यह वही बल है, जो आपके मन में उत्पन्न होनेवाली प्रत्येक भावना एवं सोचे गए प्रत्येक विचार को मूर्तिमान करता है, उत्तेजित करता है।

आत्मा क्या है? आप उससे कैसे जुड़ते हैं? रुकिए, सोचिए, प्रतिबिंबित कीजिए। आपने अतीत में अंतिम बार सूर्योदय एवं सूर्यास्त कब देखा था और यह सोचकर चकित हुए थे कि सूर्य को किसने बनाया? पृथ्वी पर जीवन सुनिश्चित करने के लिए सूर्य को किसने और किस चीज ने सही दूरी पर स्थापित किया?

जब लोगों ने ये तमाम प्रश्न किए तो उन्हें इसका एक ही उत्तर दिया गया कि ईश्वर यह सब संभव बनाता है। इस उत्तर से अधिकतर लोग संतुष्ट होकर वापस चले गए। यह तो ऐसे ही हुआ, जैसे आप

किसी गणित के प्रश्न को हल कर रहे हों और आपसे कहा जाए कि इसका उत्तर 'क' होना चाहिए। 'क' उत्तर नहीं है। वह तो उत्तर खोजने का केवल पहला कदम है। इसी प्रकार, यह कहना कि संसार की रचना ईश्वर ने की, उसी कथन के समान है कि उत्तर 'क' होना चाहिए। आपको उत्तर खोजने के लिए समर्पित होकर कार्य करना होगा।

इस प्रकार स्थायी की प्राप्ति हेतु खोज प्रारंभ होती है। आप जगत् की तुच्छ, अमहत्त्वपूर्ण चीजों से कतई संतुष्ट नहीं होंगे। आप अपने अंदर झाँकना प्रारंभ कीजिए। श्रीमद्भगवद्गीता आपको अपने बारे में ज्ञान देती है। वह आपका आपसे अपने निजी आंतरिक अवयवों से परिचय कराती है।

इस प्रकार स्थायी की प्राप्ति हेतु खोज प्रारंभ होती है। आप जगत् की तुच्छ, अमहत्त्वपूर्ण चीजों से कतई संतुष्ट नहीं होंगे। आप अपने अंदर झाँकना प्रारंभ कीजिए। श्रीमद्भगवद्गीता आपको अपने बारे में ज्ञान देती है। वह आपका आपसे अपने निजी आंतरिक अवयवों से परिचय कराती है।

ज्ञान आपके विचारों में स्पष्टता लाता है, जिसके माध्यम से आप प्रखर एवं सृजनशील चिंतक बन जाते हैं। यह आपको सफलता की ओर ले जाता है। आप प्रसन्न हो जाते हैं, क्योंकि अब आप जीवन के अस्थायी पहलुओं पर निर्भर करना बंद कर देते हैं। आप अपने अंदर प्रसन्नता के गहन स्रोतों पर दस्तक देते हैं। संसार के लिए आपकी इच्छाएँ परिवर्तित होकर सर्वसमाहारी इच्छा सत्य की खोज में परिवर्तित हो जाती हैं।

सभी जीवधारी प्रसन्नता की खोज में लगे रहते हैं, फिर भी लगता है कि अभी वह किसी को प्राप्त नहीं हुई है। श्रीमद्भगवद्गीता आपको प्रसन्नता का नियम बताती है, जिसके माध्यम से प्रत्येक व्यक्ति असीम आनंद प्राप्त कर सकता है। नियम इस प्रकार है—

$$\text{परिपूर्णित इच्छाएँ} = \frac{\text{प्रसन्नता}}{\text{पालित इच्छाएँ}}$$

इस नियम का उपयोग करते हुए यदि आप अपनी खुशियों में वृद्धि करना चाहते हैं तो या तो आप अंश (भाज्य) को बढ़ा दीजिए अथवा हर (भाजक) को घटा दीजिए। इसका अर्थ यह है कि या तो आप उन इच्छाओं को बढ़ा दीजिए, जिन्हें आप पूरा करना चाहते हैं या उन इच्छाओं को घटा दीजिए, जिन्हें आप अपने मन में पाले हुए हैं। अधिकतर लोग अपना ध्यान अंश पर केंद्रित करते हैं। हम सभी लोग अधिकाधिक इच्छाओं की पूर्ति के मिशन पर निकले हुए हैं। बाह्य प्रणाली ने भी इसे बढ़ाने में अपना योगदान किया है।

क्रेडिट कार्डों और सृजनात्मक वित्तीय समाधानों के युग से पूर्व यदि आपके पास अपने सपनों का घर या लग्जरी कार खरीदने के लिए पैसे नहीं होते थे तो आपके पास इसके सिवाय अन्य कोई विकल्प नहीं होता था कि आप एक गिलास शीतल जल पिएँ और जाकर सो जाएँ। आज हम तात्कालिक संतुष्टि के युग में हैं। इसलिए आप अभी खरीदारी करके बाद में भुगतान कर सकते हैं। इसके साथ इच्छाओं का अंश तो कई गुना ऊपर चला जाता है, परंतु खुशियाँ वैसी-की-वैसी अथवा वास्तव में उससे भी कम हो जाती हैं। इसका कारण यह है कि जैसे ही आप अपनी एक इच्छा पूरी करते हैं, अन्य दूसरी इच्छाएँ उत्पन्न होने लगती हैं। जब इच्छाओं का अंश (भाज्य) ऊपर जाता है तो हर (भाजक) भी तीव्रतर दर से बढ़ने लगता है।

यद्यपि गणितीय रूप से अंश अप्रासंगिक है। यदि आप अपना ध्यान हर पर केंद्रित करें और अपनी पालित इच्छाओं को घटा दें तो आपकी

खुशियाँ कमोबेश बढ़ जाती हैं और यदि आप भाजक (हर) को घटाते हुए शून्य तक ले आएँ तो आपको असीम खुशियाँ प्राप्त होती हैं। आज मनुष्य यही सब करने की कोशिश कर रहा है। जब तक आपकी इच्छाओं का अंश बढ़ता रहेगा, तब तक आप इसे कभी प्राप्त नहीं कर पाएँगे।

इस प्रकार, यदि आप खुशियाँ प्राप्त करने के प्रति गंभीर हैं तो आपको इच्छाओं के पीछे भागने के बजाय आप जिन इच्छाओं के भार को ढो रहे हैं, उसे घटाकर कम करना होगा और अपने दृष्टिकोण में उल्लेखनीय परिवर्तन लाना होगा। कोई व्यक्ति इसे कैसे करेगा? आप इच्छाओं का त्याग नहीं कर सकते। कोई भी इच्छाओं का त्याग नहीं कर सकता। आप केवल इतना कर सकते हैं कि अधिक ऊँची इच्छा पालें—ऐसी इच्छा, जो अधिक संतोषप्रद, आकर्षक एवं सुखद हो।

> ***यदि आप खुशियाँ प्राप्त करने के प्रति गंभीर हैं तो आपको इच्छाओं के पीछे भागने के बजाय आप जिन इच्छाओं के भार को ढो रहे हैं, उसे घटाकर कम करना होगा और अपने दृष्टिकोण में उल्लेखनीय परिवर्तन लाना होगा। कोई व्यक्ति इसे कैसे करेगा?***

आप स्वयं को अपने बचपन में ले जाएँ। एक बालक के रूप में आपके मन में खिलौनों और खेलनेवाली अन्य चीजों के प्रति हजारों इच्छाएँ थीं। क्या आपके मन में अभी भी वही इच्छाएँ हैं? क्या आपने अपने जीवन के किसी भी चरण में इच्छाओं को त्यागने का निर्णय लिया? फिर वे आपसे दूर क्यों चली गईं? क्योंकि बड़े होकर आपने उच्चतर एवं अधिक आकर्षक चीजों को पसंद करना प्रारंभ कर दिया। जब आप साइकिल की सवारी करने को उद्यत हुए तो आपकी खिलौनों की इच्छा स्वयमेव लुप्त हो गई। जब आपका परिचय किशोरावस्था की उत्तेजनाओं एवं रोमांच से हुआ तो सभी खिलौने गायब हो गए। इस

प्रकार, आप जैसे ही बड़े हुए, आप अधिक मनोरंजक चीजों की ओर आकर्षित हो गए और छोटी खुशियाँ देनेवाली चीजें कम हो गईं।

वयस्कों के रूप में हम सब आध्यात्मिक मेमने होते हैं! हम भौतिक एवं शारीरिक आकर्षणों के वशीभूत हो जाते हैं। भावनात्मक सम्मोहन एवं भौतिक इच्छाएँ कम हो जाती हैं। यदि किसी माँ को उसकी पसंदीदा चॉकलेट दी जाती है तो वह उसे खुद खाने के बजाय अपने बच्चों को देना पसंद करती है। बच्चे को चॉकलेट का आनंद लेते देखकर आपकी भावनात्मक खुशी इतनी अधिक बढ़ जाती है कि चॉकलेट खाने की शारीरिक इच्छा अपने आप समाप्त हो जाती है।

बौद्धिक स्तर के एक पायदान पर ऊपर की ओर जाएँगे तो भावनात्मक खुशियाँ भी अपना महत्त्व खो देती हैं। नोवेल कोरोना वायरस के टीके की खोज के कगार पर पहुँच चुके किसी वैज्ञानिक के लिए शारीरिक सुख का कोई महत्त्व नहीं है। वह भावनात्मक आसक्तियों से भी ऊपर उठ चुका होता है।

बौद्धिक स्तर के एक पायदान पर ऊपर की ओर जाएँगे तो भावनात्मक खुशियाँ भी अपना महत्त्व खो देती हैं। नोवेल कोरोना वायरस के टीके की खोज के कगार पर पहुँच चुके किसी वैज्ञानिक के लिए शारीरिक सुख का कोई महत्त्व नहीं है। वह भावनात्मक आसक्तियों से भी ऊपर उठ चुका होता है।

आत्मा के क्षेत्र में एक ऊँची छलाँग लगाइए और सभी सांसारिक इच्छाएँ समाप्त हो जाएँगी। आप अनंत के क्षेत्र में प्रवेश पा जाते हैं। एक बार आपको असीम खुशियाँ मिल जाती हैं तो आपसे उन्हें कोई छीन नहीं सकता और न ही उनमें कुछ जोड़ सकता है। अनंत में 10 लाख जोड़ दें, तब भी वह अनंत ही रहता है। अनंत में अनंत का योग भी अनंत है। अनंत में से 1 अरब घटा दें तो भी वह अनंत ही रहता है। अनंत में

से अनंत घटाने पर भी वह शून्य नहीं होता, बल्कि अब भी अनंत ही रहता है। आपने अपने जीवन का उद्द्देश्य प्राप्त कर लिया है। इसके बाद आपको किसी चीज की आवश्यकता नहीं है। अब आप सांसारिक अनियमितताओं पर निर्भर नहीं रह गए हैं। आप पूर्णरूपेण प्रसन्न, संपूर्ण, शक्तिशाली एवं समग्रतः प्रेममय हैं!

□

15
ध्यान एवं ज्ञानोदय

तीनों मार्गों का अभ्यास आपके निर्धारित कार्यक्रम के अनुसार किया जाना चाहिए। यदि आप अधिक सक्रिय होना चाहते हैं तो आप स्वाभाविक रूप से कर्म योग, अर्थात् कर्म मार्ग के प्रति आकर्षित होंगे। कोई भावुक व्यक्ति सहज रूप से भक्ति योग, अर्थात् श्रद्धा के मार्ग पर अग्रसर होगा और कोई बुद्धिजीवी ज्ञान योग, अर्थात् ज्ञान मार्ग पर चलने हेतु उद्यत होगा। बहरहाल, यदि आप तीव्र प्रगति करना चाहते हैं तो आपके स्वभाव के अनुसार तीनों का क्रमशः अभ्यास अनिवार्य है। इसके बाद आपके व्यक्तित्व में त्वरित विकास होगा। इसके बाद आप अधिक प्रसन्न होंगे, सांसारिक परिवर्तनों से कम प्रभावित होंगे और दुःखों से मुक्त हो जाएँगे। इसके बाद आपके पास केवल कुछ ही इच्छाएँ शेष रह जाएँगी—मुक्ति की प्राप्ति; अपने गुरु, जिसने आपको यह अमूल्य ज्ञान सिखाया, को कुछ देने की अभिलाषा और संसार की सेवा। आप ध्यानी बन जाएँगे। संसार में व्यस्त होते हुए भी आपके विचार सदैव आत्मा से जुड़े रहेंगे। इसके बाद आप ध्यान का अभ्यास करें।

ध्यान बुद्धि के पर्यवेक्षण में किसी अन्य विचार पर भटके बिना केवल एक विचार पर ध्यान केंद्रित करने की तकनीक है। सैद्धांतिक रूप से वह एक विचार कुछ भी हो सकता है, परंतु आभ्यासिक रूप में वह आपकी

पसंद के किसी मंत्र का चयन करने में सहायता करता है। 'ओउम्' आत्मा का सर्वाधिक सशक्त प्रतीक है। यह एक अत्यंत लोकप्रिय मंत्र है, जिसका संसार की किसी चीज से कोई लेना-देना नहीं है।

यह एक सार्वभौमिक मंत्र है, जो किसी धर्म विशेष तक सीमित नहीं है। यहाँ तक कि यह संस्कृत भाषा का शब्द भी नहीं है और न ही यह व्याकरणीय नियमों का कोई संज्ञा या सर्वनाम रूप है। 'ओउम्' की ध्वनि ही स्वयमेव शांतिदायी है और इसका गहरा महत्त्व है। शब्द 'ओउम्' वर्णमाला के तीन अक्षरों अ, उ और म के योग से बना है। ये तीनों अक्षर सभी ध्वनियों को समाहित कर लेते हैं, क्योंकि 'अ' से पूर्व कोई ध्वनि नहीं है, जो कंठस्य है, अर्थात् गले से निकलती है और 'म' के बाद कोई ध्वनि नहीं है, जो ओष्ठ्य है, अर्थात् होंठ पर जाकर समाप्त हो जाती है। ये तीनों अक्षर क्रमशः जाग्रत्, स्वप्न एवं गहन निद्रा की स्थितियों का प्रतिनिधित्व करते हैं, जिनके बीच से हम सभी निकलते हैं। इन तीनों ध्वनियों का समर्थन करनेवाली चुप्पी आत्मा का प्रतिनिधित्व करती है।

यह एक सार्वभौमिक मंत्र है, जो किसी धर्म विशेष तक सीमित नहीं है। यहाँ तक कि यह संस्कृत भाषा का शब्द भी नहीं है और न ही यह व्याकरणीय नियमों का कोई संज्ञा या सर्वनाम रूप है। 'ओउम्' की ध्वनि ही स्वयमेव शांतिदायी है और इसका गहरा महत्त्व है।

जब आप सघन ध्यान में लीन होते हैं तो कीर्तन करना बंद कर देते हैं। जब अंतिम विचार समाप्त हो जाता है तो मन शांत हो जाता है, क्योंकि मन केवल आपके विचारों का प्रवाह मात्र है। बुद्धि, जो ध्वनि एवं खामोशी के मध्य भेद करती है, वह निष्क्रिय हो जाती है। वह खामोशी में फँसकर कहीं दूर चली जाती है। जब मन एवं बुद्धि चली जाती है तो केवल आत्मा शेष रह जाती है। आपकी निजता समाप्त हो जाती है; परंतु

आप संपूर्णता में विलीन हो जाते हैं। नाम एवं रूप का कृत्रिम भेद समाप्त हो जाता है।

जब आप एक बार ज्ञानोदय की अवस्था में पहुँच जाते हैं, आप कर्म के नियम से ऊपर उठ जाते हैं। आप जो कुछ करते हैं, उसका कोई चिह्न शेष नहीं रहता है, क्योंकि आप इच्छा से मुक्त हैं। आप निरंतर जीवित रहते हैं, क्योंकि आपकी अतीत की इच्छाएँ उसे गति देती हैं। ठीक उसी प्रकार, जैसे कोई कार 100 मील की रफ्तार से चली जा रही हो और आप उसका इंजन बंद कर देंगे तो वह फौरन नहीं खड़ी हो जाएगी, बल्कि पूरी तरह ठहरने से पूर्व वह कुछ दूर तक रेंगती चली जाएगी। इस बीच आप उसे कोई गति नहीं देते हैं। उसका विचलन उसे अतीत की गति से प्राप्त होता है। इसी प्रकार, सभी प्रकाशित आत्माएँ अतीत की इच्छाओं से प्रेरित गति से कुछ समय तक जीवित रहती हैं।

उस दशा में पहुँचने के इच्छुक लोगों के लिए यह अवधि अत्यंत मूल्यवान् होती है। हम मात्र उपस्थिति से प्रेरणा प्राप्त करते हैं और उनकी शिक्षाएँ हमें भ्रम के आवरण को हटाने और इच्छाओं एवं महत्त्वाकांक्षा के घटाटोप (बादल) से बाहर निकलने में सहायता करती हैं। हम स्वयं को जान लेते हैं और इसके बदले अपनी आगामी पीढ़ी का पथ-प्रदर्शन करते हैं। यही अटूट गुरु-शिष्य परंपरा है, जो भारत में अनंत काल से विद्यमान रही है।

□□□